憎しみを越えて

宣教師ディシェイザー
平和の使者になった真珠湾報復の爆撃手

ドナルド・M・ゴールドスタイン
キャロル・アイコ・ディシェイザー・ディクソン［共著］
藤原祥隆［訳］

いのちのことば社

RETURN OF THE RAIDER

by

Donald M. Goldstein

and

Carol Aiko DeShazer Dixon

Originally published in English by Creation House
Charisma Media/Charisma House Book Group
600 Rinehart Road
Lake Mary, Florida 32746 USA
under the title *Return of the Raider.*

Available in other Languages from
Charisma Media
email: rights@charismamedia.com

序文

歴史を見ると、才能があり、任務に忠実で、高い目的を持ち、謙遜であるという事実があるにもかかわらず、見過ごされている人々がいる。これらの人々は成し遂げた重要な業績に伴うマスメディアの称賛や名声を得ることもなかった。ジェイコブ・ディシェイザー（Jacob DeShazer, 1912–2008）はこのような人々の一人だった。彼は世界大恐慌時代にオレゴン州の農家の少年として成長した。そして軍隊に入り、運命のいたずらで、有名なドーリットル空襲に加わった。

乗っていた飛行機が不時着し、ジェイコブ・ディシェイザーはおよそ四十か月間、戦争捕虜となった。この間、ひどい扱いを受けたが、かろうじて生き延びた。独房に入れられたが、神に出会ったために生き延びることができたのだった。ディシェイザーは独房でこう神に誓った。もし生き延びることができたら、自分は兵士ではなく宣教師として必ず日本に戻る、と。ディシェイザーは、愛と赦しのキリストのメッセージを日本に伝えたかったのだった。

戦後、ジェイコブ・ディシェイザーはシアトルパシフィック大学に入学し、そこで妻になるフローレンスに出会った。卒業後、ディシェイザーは神に約束したように日本に戻り、多くの年月を宣教師として働いた。ジェイコブのあかしは、有名な真珠湾攻撃の指揮官であった淵田美津雄に影響を与え、キリスト者に変えた。淵田は後に、キリスト教とほとんど無縁の仏教国で、力を尽くしてイエス・キリストの福音を広めた。

本書の物語を通して、永遠のテーマである赦し、すなわち私たち人間が普通とる行為と正反対の行為が起こりうることが探求される。赦すことより復讐することや憎むことは、はるかに容易だ。ジェイコブ・ディシェイザーの物語は、赦しとそれに伴う愛がどんなに力強いものであるかを私たちに気づかせてくれる。

目次

第1章　軍隊の訓練

主はあなたを訓練するため、天から御声を聞かせ、地の上では、大きい火を見させた。その火の中からあなたは、みことばを聞いた。

——申命記　4章36節

一九四〇年二月二十六日、真珠湾攻撃の一年半以上前、ジェイクは軍隊に入った。カリフォルニア州フォート・マクドウエルの陸軍航空隊だった。アメリカ合衆国はこの時は直接巻き込まれていなかったが、世界は大混乱状態だった。ヒトラーのドイツは領土を奪い、破壊と混乱をヨーロッパ中に広げていた。一方、日本はアジアの大国としての地位を確立しつつあり、太平洋においても影響力を広げようとしていた。

ジェイコブは飛行機に強い興味を持っており、操縦士になりたいといつも思っていた。操縦士になれば自分の国に大きな貢献ができると信じていた。ジェイコブの姉のルツは子どもの頃

入隊した頃

を思い出しこう語った。「私たちが初めて飛行機を見たのはジェイコブが六歳くらいの時でした。私はジェイコブが、『あれは僕のものだ、僕のものだ、お母さん』としつこく言うので、母はこう言いました。『そうですよ、ジェイコブ。あれはあなたのものです。自分のものにできるのですよ。』」

しかし、操縦士になるというジェイコブの夢は長くは続かなかった。二十七歳というと、軍隊の基準では、操縦士の訓練を始めるには年を取りすぎていた。軍は、飛行機の整備工になるための訓練をするために、ジェイコブをカリフォルニア州オークランドのボーイング航空術学校へ送った。数年前にジェイコブは民間部門で類似の経歴を得ようと考えていたが、資金不足のため実現できなかった。しかし今や、アメリカ軍が訓練費用を払ってくれる。ジェイコブは整備工になり、ゆくゆくは自分自身で商売することができると思った。

訓練が終了すると、ジェイクはワシントン州タコマの近くのマコード・フィールドに配属された。ジェイクはノース・アメリカンB25ミッチェル爆撃機の整備工として働き始めた。彼は操縦士になるという夢は断念せざるをえなかったが、軍が爆撃手を募集し始めたことにより、飛行機に乗れるチャンスが出現した。爆撃手の主たる任務は爆弾が目標に命中するように操縦士と航空士を補助することだった。このことを知ってジェイクは興奮した。そして応募し、爆撃手訓練所に入ることになった。

爆撃手になることはジェイコブにとってはたやすいことだった。オレゴン州マドラスの小麦農場で育った時から、動く標的を狙って撃つことは数多く経験した。実際、ジェイクと彼の兄弟は馬の背に乗って、あるいはT型フォードに乗って、ジャック・ウサギを撃ったものだった。ジェイクはこう言った。「走っているウサギを撃ってし損じた時は、自分は上手だとは思わなかった。しかし、B25に乗って六〇〇〇メートル下の標的に照準器の十字線を合わせることは、自分にとって非常にたやすいことに思えた。」

ジェイクは軍隊生活の日常の決まりきった事柄にすっかり慣れてしまった。ジェイクはこう言っている。「私はほとんどの下士官がしているような生活を送っていた。暇な時間を過ごすために、仲間と一緒にダンスに行ったり、酒場に行ったりしたものだった。この時期、自分の生活に起こった出来事を振り返ると恥ずかしく思う。そのような生活を送るべき正当な理由は誰にも見当たらないだろう。決して幸せにはつながらない。」

一九四一年十二月七日、日本は真珠湾を攻撃した。爆撃があった後、ジェイクはキャンプ・ペンドルトンからサウスカロライナ州コロンビアの空軍基地に配置転換された。日本の奇襲攻撃を聞いた時、彼は炊事兵の任務についていた。このニュースを聞いて、ジェイクは非常に腹が立ち、日本はこの攻撃の報いを受けることになる、と叫んだ。そして、このようなことを故意に行うとは、日本人は気が狂っていると思った。

日本軍の攻撃はアメリカ軍を驚かせ、士気を奪うことに成功した。実際、真珠湾攻撃後、アメリカ軍の士気はこれまでになく低いものだった。アメリカ国内では、この攻撃によって日本人に対する強烈な憎しみの火が一晩で燃え上がった。そして真珠湾攻撃の二か月後、一九四二年二月十九日にルーズベルト大統領は大統領命令九〇六六を公布した。この命令は多くのアメリカ市民を含む十万人を超える日系人を軍の収容所に抑留し、監視するというものだった。また日系人は、カリフォルニア州、オレゴン州、ワシントン州を含む太平洋沿岸から入国することも禁止された。

第二次世界大戦の最初の数か月間、真珠湾攻撃が成功した後、日本軍は英国軍艦プリンス・オブ・ウエールズとリパルスを沈め、さらに勝利を加えた。日本の巨大な破壊力はフランス領インドシナを席巻した。タイを越え、マラヤ、ビルマ、セイロンを通り、かつて難攻不落であったシンガポールの要塞を取った。日本軍はフィリピンを取り、間髪を入れずスマトラ、ジャワ、ボルネオ、セレベスを天皇の統治下に置いた。日本軍はオランダ領東インドに対抗して、ニューブリテン島、ニューアイルランド島、ニューヘブリデス諸島、その他小さな島々を占領した。日本軍がソロモン諸島を取った時、予定されたオーストラリア征服まで、残るはニューギニア島のみだった。日本軍は、最終的な行動を起こす前に部隊を再編成した。

日本軍の戦術は比較的単純だった。目標とする敵に対抗して南下する時、自分たちの航空機の攻撃範囲を広げるために進行途中に飛行場を造った。戦争初期の頃、日本軍はミスを犯さなかった。ほとんど人命の損失なしに高い精度で目標を手に入れた。隊列を組み大規模に攻撃すること、すなわち第一次世界大戦の時のような前線攻撃はしなかった。連合軍は気がつくと、退却する部隊から隠れた目に見えない敵と戦っているのだった。敵は道路を遮り、待ち伏せをし、戦闘が激しくなるとジャングルの中へ消えるのだった。日本軍を手強い敵にしたのは、何にもましてその戦術の単純さにあった。彼らは準備のできない敵にとって手に負えない相手だった。日本軍が成功するにつれ、その無敵神話が作られ維持された。それは入念なプロパガンダの仕掛けと、勝利を伝える多くの従軍記者によってなされた。

アメリカ人の士気を高めるために、フランクリン・ルーズベルト大統領は統合参謀本部に日本本土を攻撃する計画を策定するように要求した。大統領はあからさまな日本の武力侵略に断固として報復するつもりだった。その報復は強力で、日本人の士気を奪うものでなければならなかった。しかしどのようにして報復するのだろうか。アメリカは太平洋の基地を失い、海軍の艦隊は損害を受けた。しかし運が良いことに航空母艦は無傷だった。第一次世界大戦のエースであったジェイムス（ジミー）・ドーリットルがこれに参加した。彼は日本本土へ飛行機を飛ばすことを含む大胆な計画を考え出した。

日本を攻撃するという決定は重要だった。なぜなら、日本人は自分たちの国は不可侵であり、神々により守られていると信じていたからだ。ドーリットルはこの考え方を打ち砕き、日本人の中に疑いの種を蒔きたいと思った。そして計画を練った後、軍事施設だけを目標に攻撃することを決定した。この計画を実行するためには、何人かの勇敢な志願兵が必要だった。

ある日、格納庫で飛行機の仕事をしていた時、ジェイクは大佐に直接報告するようにとの命令を受けた。なぜだろうと彼は思った。何かこうなるようなことをしたのだろうか。しかしすぐに疑問がとけた。到着してみると、二十人ほどの男が部屋にいた。大佐は計画中の危険な作戦について話し始めた。何人かは無事に生還できないかもしれない作戦だった。大佐は前に進み出て、男たちにこのような作戦にすすんで参加したいかどうかを尋ねた。全員が行くことに熱狂的に同意した。ジェイクは心の中で、断る理由はないと思った。冒険と興奮が待っている、またとないチャンスだと思った。

志願兵はみな、この危険な作戦に参加するために訓練を受けなければならなかった。訓練はサウスカロライナ州コロンビアで始まった。そこで全員、背の低い、ドーリットル中佐に会った。彼は作戦立案者であり、指揮官だった。ドーリットルは最初からジェイクに強い印象を与えた。ドーリットルはジェイクのところへ歩み寄り、話しかけ、名前を覚えた。この出会いの後、ジェイクはこう回想している。「彼は私のリーダーだ。仕事の仲間だ、その仕事が何であれ。」

大佐のオフィスで持たれたミーティングの一週間後、およそ百二十名の志願兵はフロリダ半島にあるエグリン・フィールドへ向かった。百二十名の志願兵は二十四のチームに分けられた。それぞれのチームは、操縦士、副操縦士、航空士、爆撃手、射撃手もしくは技師がそれぞれ一名からなっていた。エグリンでは、爆撃作戦について野外で訓練した。訓練を通して、低空飛行と短距離離陸が最も練習を積んだ演習内容だった。

ジェイクは飛行機整備工および爆撃手として訓練を続けた。彼のチームの操縦士ウイリアム・ファロー中佐は、低空飛行がうまくなった。そのチームは野原をあまりにも低く横切ったので、しばしば柵にぶつかりそうになった。

ドーリットルがワシントン訪問から戻って来るとすぐに、訓練は切り上げられた。飛行機には重い本物の爆弾が積まれた。操縦士には一五〇メートルから二一〇メートルの短い滑走距離で飛行機を離陸させる任務が課せられた。乗組員がフロリダを離れサンフランシスコへ移動する命令が下った時、明らかに興奮の空気に包まれた。どのような作戦が与えられるのかまったくわからなかったが、いろいろな噂があった。ある者は、作戦は日本行きだと言い、また別の者はヨーロッパ行きだと思っていた。

志願兵たちはこの作戦には航空母艦が含まれることをうすうす感じていたが、行先がヨーロッパなのか日本なのか、誰も知らなかった。

新しい演習を行うことに熱心で、乗組員はサンフランシスコへ実践的な長距離飛行を試みた。ジェイクのチームの操縦士は飛行機を低空で飛ばせることに満足していた。ジェイクはこう記している。「われわれがテキサス州とニューメキシコ州に来た時、野原に牛がいるのが見えた。われわれの操縦士はその牛を驚かすために低く飛んだ。牛が尻尾を空中に上げ、懸命に走っているのを眺めるのは実に壮観だった。われわれは、軍隊にいてこんな愉快なものを見ることができてとても楽しい、と思った。」

カリフォルニアへ移動する前に、最終検査のために飛行機を民間の技術者に渡さなければならなかった。それは彼らにとって幸先の良いことではなかった。特に訓練を積んだ軍の整備工のジェイクにとっては。彼はこの特別な、危険な作戦に志願したのである。民間の技術者が飛行機を戻した時、ジェイクと仲間たちは飛行機を調べた。その結果、不都合に変更されたところもなく、良い状態に維持されていることがわかった。

飛行機を無事に空母ホーネットに積み込み、志願兵たちは差し迫った作戦に関して見通しが得られない中、空母に乗って待っていた。彼らは本を読んだり、酒を飲んだり、カードゲームをしたりして時間を過ごした。出発の前夜、自由行動の時間を与えられた。彼らは地元の施設で夜、ダンスをして時間を過ごした。作戦が始まるまで十七日間、ホーネット上で過ごした。ジェイコブはその時は伍長で、彼のチームの中では最も下の階級であった。彼は多くの場合に警備の任務を果たすために呼び出された。警備の任務中、ジェイクには時間がたくさんあった。そこで自分もその一部である特別な作戦について考え、また生き延びることができるかどうかについて考えた。この作戦が何をもたらすのかについてあれこれ考えると、心が騒ぎ始めるのだった。警備の任務についていない時、あるいは航空機についての仕事をしていない時は、彼らには自由時間がたくさんあった。結局は根くらべだった。兵士たちはいろいろなことをして退屈をまぎらせた。ジェイクが母に手紙を書いたのはこの時期だった。「私のことは心配しないでください、お母さん。危ないことはありません。」

一九四二年四月一日、十六機のＢ25爆撃機は空母ホーネットの甲板上に置かれた。ジェイクの飛行機は最後の一機であった。それは機尾の一部を船尾から張り出して甲板に固定された。翌日、ホーネットは桟橋を出て、金門橋の下を航行した。船が西へ進むにつれ、他の船が護衛のために加わった。この機動部隊が任務を完全に終えるまでの護衛である。合計十二隻で、それらは空母ホーネット、別の空母エンタプライズ、二隻の巡洋艦、二隻の油槽船、そして六隻の駆逐艦であった。

最初の一時間を航行したところで、船の告知装置が鳴った。全員注意するようにとの呼び掛けである。数分の後、男たちは作戦の一部を受け取った。それは大胆な遠征――日本爆撃だった。艦隊は遠征途中、他の港には停まらない。日本へ急いで向かうのだ。

日本を攻撃する作戦について聞いた時、ホーネットの二千人の水兵と飛行士は喝采した。これが壮大な冒険になることが明らかになろうとしていた。敵をその裏庭で攻撃するという考えは彼らをゾクゾクさせた。兵士たちは、日本を攻撃することが太平洋へ日本が進出することを阻止することになり、真珠湾攻撃で死んだ同胞の復讐になると思った。ジェイクはこの熱気を肌で感じ、こう思った。「私は男たちの闘争心を感じた。日本の何が悪いかについて演説する必要はなかった。日本が無法者で、降伏させなければならないことを誰もが知っていた。日本人は自分のものでないものを奪い取った。日本人が戦争を始めたのだ。このアメリカの男たちは、そのような不正に対して戦う準備ができているのだ。」

自分たちは悪を正す聖戦に携わり、戦争を終わりにするのだと男たちは信じていた。ジェイクはこの作戦で自分を助けてくれる仲間のことを考えた。自分のチームのことを、ジェイクは控えめにこう語った。「われわれはB25の乗組員の中で、誰よりも訓練不足の者たちであることを自覚していた。」ジェイクの乗る飛行機の操縦士はウイリアム・ファロー大尉だった。一九五セントメートルと雲つくような男で、サウスカロライナ州出身だった。次に副操縦士はテキサス州出身のロバート・ハイト大尉、航空士はニューヨーク州出身のジョージ・バール大尉、そして機尾射撃手はカンサス州出身のハロルド・スパッツ軍曹だった。これらの男たちはすでにたくさんの訓練を一緒に受けてきた。しかし作戦を前にして、お互いにどれほど相手のことをわかっていたのかというと、心もとないものであった。

興奮がおさまると、ジェイクは現実に向き合わなければならなかった。サンフランシスコを出て最初の夜、警備の任務についている間、ジェイクは不安を感じた。空母ホーネットが日本へ向かって西へ進んでいる時、死や死後についての思いがジェイクの心を捕らえた。ジェイクはこう述べている。「自分はこれから先どれほど生きるのだろうかと思った。この旅に出かけることになったのは、結局のところ、幸運ではなかったのではないか。統計の数字を持ち出して自分自身を慰めようとした。第一次世界大戦で五万人以上のアメリカ人が死んだことを思い出した。そして、もし自分が死んだらどこへ行くのだろうと考えて身震いした。」

夜、自由に思い巡らす時はこのような考えがジェイクを悩ましたが、日中はまったく違っていた。ジェイクは訓練や仲間とのカードゲームや、船についてくるアザラシや鳥を観察することで時間を費やした。ジェイクが特に興味を持ったのはアホウドリであった。ジェイクはこう書いている。「アホウドリがついてきた。疲れ知らずの羽で飛んでいた。その優雅な飛ぶようすを毎日眺めていた。鳥たちは羽を動かすように見えないが、ちゃんと空母についてくるのが不思議に思えた。この不思議な鳥たちは飛び方を覚えるのに学校へ行く必要はなかったのだ。創造主に飛び方を与えられたのだ。」

ジェイクが一人でいる時は内省と探求の時間だった。見渡す限り海しかない状況で、水平線を眺めながら思ったことを、ジェイクはこう書いている。「口では表せない何かを切に求めていると感じた。その憧れが何であるか、その時はわからなかった。創造主が確かにご自身を自分に現そうとしていた。この壮大な創造の景観を示すことで。ヨブ記一二章九節はこう記している。『これらすべてのもののうち、主の御手がこれをなさったことを、知らないものがあろうか。』この創造主と交わりを持ちたいと切に思った。神は被造物とどんなに喜んで交わりを持たれるかを、その時はわからなった。もし自分が聖書に書かれている条件にかなうなら、神は喜んで自分と交わりを持たれるということを、その時はわからなかった。」

この時ジェイクが抱いていたいろいろな思いは、回心の前触れであった。後に彼は最もありえない所で回心を経験するのであった。神についての疑問や死後の世界は、この時のジェイクにとっては人生における二次的な事柄であった。ジェイクはクリスチャン家庭に育ったので、信仰の基礎は教わっていた。両親は聖書について、祈りについて、そしてイエスとの個人的交わりについて大事なことをジェイクに教えた。しかしジェイクは、両親の信仰をまだ自分のものとしていなかった。多くの若者がそうであるように、ジェイクは自分だけを信じ、他のことに頼らずに生きていた。とどのつまり、彼は殺伐とした個人主義の西欧が生み出した存在であった。彼は農場で働き、カリフォルニアの山々に挑戦し、ネバダの砂漠で生き延びてきた。つらい労働も知っていたし、犠牲が何であるかもわかっていた。だが決して助けを求めることはなかった。自分では気がついていなかったが、天の力がジェイクの人生に働いていた。彼はゆっくりと理解し始めていた。しかしもっとよく理解するためには、時を待つ必要があった。彼はホーネットに乗っている間、自分の殻を出て教会の礼拝に出ることはなかった。四月五日は復活祭の日曜日であった。兵士たちのために礼拝が持たれた。多くの兵士が礼拝に出席したが、ジェイクは出席しなかった。

第2章　作　戦

今日まで、この長い間、あなたがたの同胞を捨てず、あなたがたの神、主の戒め、命令を守ってきた。

——ヨシュア記　22章3節

ホーネットの乗組員は、自分たちの作戦が何であるかを引き続き憶測していた。カードやクラップゲームをしながら、様々な可能性についてあれやこれやと空しい会話をしていた。日本を爆撃する作戦だということは知っていたが、実際はどうやるのかということについてほとんど知らなかった。四月十七日、金曜日、機動部隊の司令官がこの推測ゲームを終わらせた。彼はこう伝えた。「この機動部隊は、日本の東、六四〇キロメートルの地点に向かって進んでいる。爆撃機は空母ホーネットから出撃し、東京を爆撃する。」

最後の言葉が男たちの耳に鳴り響いた。東京を爆撃するのだ。なんという大胆な行動だ。これによって日本人はアメリカが張り子の虎でないことを知ることになる、と男たちは思った。そもそも日本は、アメリカを攻撃したのだ。アメリカは戦争に加わりたくなかったが、日本がルールを破り、いわれのない攻撃をしでかした。そして何千人ものアメリカ軍人と一般市民を殺傷した。この卑怯な行為のため日本を罰しなければならないと、ホーネットに乗っているジェイクたちは思った。なぜなら、日本人がしたことは殺人に等しいと心の中で思ったからであった。何人かの男たちが、自分たちで作った白雪姫の替え歌を歌い始めた。「ハイホー、ハイホー、東京へ出かけよう。爆弾を落として破壊して、急いで帰ろう。」

歌がおさまるにつれ、陽気な雰囲気も変わり始めた。男たちは考え込むようになり、艦内のどこも緊張した空気に包まれた。さあ、日本を爆撃するのだ。さあ、真珠湾攻撃で死んだ何千人もの人たちの復讐に行くのだ。そして、生きて戻れないかもしれないのだ。乗組員の心に一つの疑問が浮かんだ。「発見されずに、どれくらい東京に近づけるのだろうか。」確かに、近づきすぎてはいけない。そうすれば、自分たちが来たことに日本人は気がつくだろう。また別の差し迫った疑問は、「いつ出撃の命令が自分たちに下るのか」ということだった。これらの疑問のために、出撃命令を待っている時間が経過するにしたがい、男たちの不安は次第に大きくなっていった。

作戦実行の日は急速に近づいていた。男たちはカードの代わりに日本の地図を広げ始めた。無駄な会話は少なくなり、笑い声も聞かれなくなった。就寝の時間になると、男たちの多くは服を着たまま寝床にもぐった。

歴史文書によれば、もともとの計画は、四月十八日、土曜日の夕方遅く、爆撃機がホーネットから出撃する予定だった。そうすれば、日曜の朝に爆弾を投下できるはずだった。そして爆撃機は北西に進路をとって中国へ向かい、着陸して給油するはずだった。しかし二つの出来事があって計画を変更することになった。第一の出来事は、ホーネットの見張り番が二隻の日本の水上艇を見つけたことだった。これらの船が日本のパトロール隊の一部である可能性は高かった。四月十八日、土曜の朝三時十五分に、持ち場につけとの警報が鳴った。男たちは寝床から飛び出し、それぞれの持ち場に走った。運良く、日本の船はホーネットとドーリットル空襲隊を発見することはなかった。その夜は見通しが悪く、発見を困難にしたのだった。その時点で機動部隊は日本の東一四四〇キロメートルの地点にいた。爆撃機が出撃する時までに、機動部隊は日本からおよそ六四〇キロメートルの地点まで近づきたいと思っていた。

第二の出来事が夜明け直後に起こった。一隻の漁船と二隻の日本の駆逐艦を発見したのだった。これらの船が機動部隊を見つけたと感じて、ウイリアム・〝ブル〟・ハルシー司令官は自分たちの奇襲計画が危険にさらされたと思った。司令官は、その駆逐艦はアメリカの艦隊を発見し、日本の帝国軍隊へ無線で情報を送信している途中にあると考えた。

ただちに、ハルシー提督の巡洋艦の一隻が漁船に発砲した。その朝、海は荒れていたが、米国巡洋艦は素早くその漁船を沈めた。また別の米国巡洋艦が日本の駆逐艦に対処するために素早く船隊を離れた。ほどなく、その米国巡洋艦から日本の駆逐艦を首尾良く沈めたという無線が入った。

すぐに決定しなければならなかった。攻撃を保留し、日本へ近づくことを試みるべきか、それともただちに攻撃を開始すべきか。司令官は後者を選択した。ホーネットのスピーカーからアナウンスが鳴り響いた。すべての爆撃機はただちに離艦する準備をするようにと告げるものであった。男たちはこう命令された。「兵士たち、各自の飛行機へ乗り込み、すぐに離艦せよ。もしエンジンが起動できない時は、海の中に突き落とさなければならない。」命令は機動部隊の他の艦船へ伝えられた。「ホーネット、東京攻撃のため爆撃機の離艦準備中。」

男たちは持ち場へ走った。動きの一つ一つが整然としていた。集中した訓練のたまものだった。一人ひとりが爆撃機を浮揚させるために何をすべきかを知っていた。ジェイクが飛行機の後部に潜り込んだ時、一人の軍曹が彼にこう叫んだ。「成功するのは、千に一つだ。」成功とはどういう意味なのか。その軍曹は離艦が成功するという意味で言ったのだろうか。訓練で練習を重ねてきた二一〇メートルではなく一三五メートルで爆撃機を離艦させなければならなかった。それとも軍曹は生きて戻ってくるという意味で言ったのだろうか。どうでもいいことだ。こんな事を考えている時間はない。恐れがあるにもかかわらず、男たちは自分の血管を興奮が駆け巡る感覚を覚えた。この時が来た。この時のために訓練してきたのだ。さあ最初の挑戦だ。爆撃機を無事に離艦させるという難題だ。

空母は波で上下に揺れていた。霧も少しあった。ホーネットの誰もが飛行機が浮揚するのを早く見たかった。乗組員全員の目がドーリットル大佐の爆撃機に釘付けになっていた。滑走距離はたったの一三五メートルだった。訓練で使用した二一〇メートルの距離の半分ちょっとで離艦するのだった。不可能な技術のように思えた。離艦の手順は水上で演技する振付けダンスのようである。波のうねりで空母が上がり下がりすると、甲板員は飛行甲板の上がり下りの時間を計る。そして頃を見計らって手にした旗を降ろす。操縦士はブレーキを離し、飛行機は離艦を開始する。機体は坂道を転がるように飛行甲板上を加速し離艦する。

ドーリットルが熟練した操縦士だったことが幸いした。エンジン全開状態でブレーキを離すと、ドーリットル機は甲板上を加速した。ホーネットの艦首が縦揺れを始めた時、機体は空中に飛び出した。最初、機が海中に突っ込んだように見えたが、すぐに高度を上げ、水平飛行に移った。ドーリットルは別れの挨拶をするようにホーネットの上空を旋回した。男たちは大歓声をあげた。彼らの緊張は吹っ飛んだ。甲板員は他の十五機を離艦させる準備に入った。一機また一機と空母から離艦した。それ自体が驚くべき成果であった。

ジェイクの飛行機の番になった。十六機中の十六番目で、親しみを込め、地獄から来たコウモリ（バット・アウト・オブ・ヘル）号という名前が付けられていた。問題が発生した。甲板上が混雑した状態だったので、十六番機は艦尾の端に、機尾を海の上に文字どおりせり出した状態で置かれていた。そして離艦準備が整う前に、突風が吹き機首を上に持ち上げてしまった。甲板にいる人間からは、機体がまさに後転して海へ突っ込むように見えた。

とっさに水兵たちは機体を安定させようと機首にロープを結んだ。ロープが弱すぎて機体を保持できないことがわかった。別の水兵たちが駆けつけてきて、機首にもっとロープをくくりつけた。ジェイクは飛行機から降りて手伝った。必死の努力と強い意志によって、男たちは機体を甲板に保持することができた。この混乱の中で、一人の水兵が後ずさりして飛行機のプロペラに触れた。エンジンはすでにかかっていたので、腕が完全に切断されてしまった。負傷した男を助けるためにジェイクは別の水兵を呼んだ。もしその場所にとどまっていたら、飛行機

空母ホーネットを飛び立つドーリットル空襲隊の爆撃機 B25

の車輪の下敷きになってしまうと判断したからだ。ジェイクは飛行機を離艦させることができるように、その男を甲板の別の場所へ運ぶのを手伝った。その男は激痛にもかかわらず、ジェイクを見てこう言った。「おれのために、奴らを地獄に送ってくれ。」

ジェイクは他の乗組員とともに飛行機に戻った。離艦のための協同作業をしている時、ジェイクは砲座の前の部分に、直径三〇センチほどの穴が開いていることに気がついた。ジェイクは誰もこのことに気がつかなかったことに驚いた。次に心に浮かんだ疑問は、どうしてこの穴ができたか、だった。ジェイクの飛行機がすぐ前の飛行機にぶつかった時にできたにちがいない。ジェイクは操縦士に話そうかと思った。しかし彼の義務感のほうが勝った。彼ははっきりこう思った。もし飛行機に何か問題が見つかれば、その飛行機は引き続き作戦を続けることはなく、艦外へ押し出されるだろうと。それでジェイクは沈黙を守り、何も言わなかった。彼はこの作戦を遂行したかったたし、他の乗組員も同じ気持ちであることがわかっていた。ジェイクは気を引き締めて仕事にとりかかり、こう思った。「いちかばちかやってみよう。」

操縦士は甲板員に親指を上げ合図した。エンジン全開状態でブレーキを離した。地獄から来たコウモリ号はすごいスピードで甲板を疾走し、完全な離艦を行った。飛び立った時、ジェイクはホーネットがすでに進路を変更していることに気がついた。ホーネットは今や任務を果たした。しかしドーリットル空襲隊は任務に着手したばかりだ。

全機が飛行状態になった時点で、ジェイクはファロー大尉に報告する決心をした。「この機に直径三〇センチくらいの穴が開いています。」損傷の程度を調べた後、自分たちの上着を詰めて穴を塞ぐことにした。風は彼らを後ろへ押すように吹き続けたが、ともかく飛び続けることにした。他に選択の余地があっただろうか。日本へ向かって飛行した。乗組員は、この穴のせいで他の爆撃機についていくのが困難になっていることに気がついた。実際、コウモリ号は編隊を維持することができなかった。別の爆撃機の司令官ジョン・ヒルガー大佐は、離艦後すぐにファロー大尉の飛行機を見失ったと報告した。その穴はB25の空気力学上の完全性を大きく損なったので、通常より燃料を多く消費した。乗組員は、爆弾投下した後にこれが問題になると考えた。燃料が不足して中国へ到達できないかもしれなかった。男たちは暗い考えを振り払い、目前の作戦に集中した。

コウモリ号はホーネットを午前九時二十分に離艦した。続く十三時間、飛行機は三〇メートルの高度で海面すれすれに飛行した。レーダーに見つかるのを避けるためだった。あるところで、プロペラの羽先が波に触れた。そのため少し高度を上げて飛ぶことにしたが、常に低空飛行のままだった。なぜなら「日本が優秀なレーダーを持っているか否かが不明だったから」。全飛行時間およそ十三時間で午後一時に日本に着いた。

日本に近づくと、山々が目の前に現れた。山の上を安全に飛行するために、飛行機は高度二一〇〇メートルまで上昇しなければならなかった。乗組員は目を外に向けていた。まもなく乗組員の一人が日本人を下に見つけた。ジェイクは窓の外を見た。日本人は飛行機を見て驚いたが、自分の国のものと勘違いしたようだ。少し行ったところで、ジェイクは老人が杖を突いて山道を歩いているのを見つけた。飛行機の音を聞いた時、その老人はよく見ようと振り向いたが、飛行機が近くを高速で通過した時、地面に倒れ込んだ。

山々が晴れ渡ったので、飛行機は雲の中に隠れ、目標まで飛行した。東京の代わりに、ジェイクの飛行機は名古屋爆撃を割り当てられていた。名古屋は首都の約四五〇キロメートル南西にある町だった。その日の天候は晴れで、太陽が照っていた。名古屋に近づいた時、操縦士がジェイクに伝えた。「高度一五〇〇メートルで爆弾投下するように準備せよ。最初の目標だ。」操縦士の言葉を聞いてジェイクは身震いした。一五〇〇メートルだって。彼らはその高度で三度、爆撃を実施することになった。ジェイクによると、「私はこれまでに一五〇〇メートルまで降下したことがなかった。そのため多少驚いた」。操縦士はジェイクに言った。「あのガソリンタンクが見えるだろう。」それは名古屋の鉄塔のすぐ近くにあった。ジェイクの話は続く。「われわれはちょうどその上を飛んだ。私は高度一五〇〇メートルにそいつ（間に合わせの照準器）をセットした。ちゃんとした照準器が一つもなかったので、自分たちで作ったものだった。しかしちゃんと一五〇〇メートルの表示が出るように目盛り付きであった。私はスイッチを押した。そして操縦士は機首の向きを変えた。」

チームは次の目標へ向かった。飛行機工場と別のガソリン貯蔵施設だった。ジェイクはその時の状況を以下のように述べた。

われわれは完全に向きを変えた。煙の臭いがした。石油精製施設が、火事でどんなようすか見たいと思った。左手に最初の爆弾を投下した場所が見えた。タンク中が火に包まれていたが、まだ爆発していなかった。その時、対空砲火の火薬の臭いがした。私が落とした爆弾に対抗して、われわれを狙って撃たれた砲弾だった。小さな黒い煙の雲がちょうどわれわれの目の前にできるのを見た。われわれの飛行機の鼻に開いた穴から煙が入り込んできた。

われわれは大きな工場のような建物の上空を飛んだ。そして最後の焼夷弾を落とした。われわれは谷沿いすれすれに飛んで海の上へ出た。私は砲撃する準備ができていた。砲撃されると砲撃し返したくなるものである。私はある時、ドイツの操縦士がフランス市民を撃ったことを新聞で読んだことがあった。卑怯なやりかただと思った。ホーネットにいた間、私は民間人を撃たないと心に決めた。しかし、われわれが砲撃された後は、心が変わった。

私は漁船の上に一人の男が立っているのを見た。われわれが近づくと手を振った。男はわれわれが日本人だと思っていた。私はそうではないことを示そうと思った。私はその男の付近に二、三発撃ち込んだ。哀れな男は手を振るのを止めた。私は非常にうまい射撃手ではなかったが、害は与えなかった。

われわれは日本の海岸沿いに飛んだ。北緯三〇度の中国の浙江省麗水市へ飛行するつもりだった。われわれは何機かのＢ25を見たが、それらにはついて行かなかった。夜が来た。中国の海岸線がぼんやりと見えた。しかし霧がとても濃かったので中国のどの地域に近づいているのか定かでなかった。

航空士のバール大尉は書類仕事におおわらわだった。彼は麗水市の上空に来ているはずだと言った。操縦士は旋回し、ずっと無線で呼び出していた。だが応答はなかった。少し霧が晴れた。眼下に町が見えたが飛行場はなかった。

タンクには一時間分のガソリンしかなかった。われわれは何かしなければならなかった。ファロー大尉はなんとかしてＢ25を救いたかった。それは上等な古いガス燃焼装置だった。鼻に穴が開いた状態で、すでに十三時間以上も空中にいたのだった。日本の占領地を越えて飛んで行けば、ガソリンが備蓄されているフリー・チャイナ（自由中国）の西安へ着けるはずだった。飛行場を見つけることができるか、中国の無線技士から何か応答が得られるかもしれなかった。

さらに一時間飛行した。町が見えた。飛行機のガソリンタンクはほとんど空だった。町の上空を旋回し、無線で呼びかけ、飛行場の明かりを探した。だが無駄だった。ついにファロー大尉が「飛び降りるぞ」と言った。時刻は午後十一時四十分、高度は九〇〇メートルだった。ファロー大尉が最初に飛び出し、私がそれに続いた。

降下と言えるものではなかった。足を外に出すと、風が機体に強く押し付けてきた。そのため、機体の下部の開口部から脱出するためにドア枠を強く押さなければならなかった。グイと押すと、機体が頭上を越えていくのが見えた。風がビュービュー吹いていたので帽子を失くした。飛行機が自分を越えたのを見計らって、開き綱を引いた。すぐに予期した強いショックがあった。パラシュートが開いたのだ。飛行機の開口部からもれる光が視界から消えていくのが見えた。やがてエンジンの音が消えた。あたりを見回したが暗かった。まわりは霧が濃く、何とも言えない孤独感を感じた。

地面が見えないので降下していることがわからなかった。パラシュートが開いてからは風を感じなかった。一晩中、こうした格好でいなければならないのかと思った。ついに静止している地面に降りた。中国人の土地だった。私は土の小山に腕をまわしてしっかりと抱いた。地上に戻れて嬉しかった。たとえアメリカからはるかに離れたところであっても。

周りに土の小山が幾つかあった。自分はその一つの上にいることに気がついた。その場所は中国人の墓地だった。そして周囲は田んぼで、その時期、水が張られていた。後に知ったことであるが、パラシュートで降下した時、母は目が覚め、私のために祈っていたとのことであった。

実際、はるか遠く離れた地で、ジェイクの母ハルダ・アンドラスは、自分の息子がコウモリ号からパラシュートで脱出したまさにその夜、突如目が覚めた。ハルダはその時の経験をこう述べている。「私はその夜、奇妙な感覚を覚え、突然目が覚めました。それは空中を下へ下へと落ちていく感覚でした。おお、なんというひどい重圧でしょう。苦痛の中、私は叫び、神に祈りました。突然重圧が去りました。知らない間に平安な眠りについていました。これは普通でない経験でした。ここの時間と中国の時間を比べてみると、私が不思議な体験をした時間は、まさにジェイコブが墜落中の飛行機からパラシュートで脱出しなければならなかった時間でした。今はどんなに主をほめたたえることでしょうか。しかしもちろん、その時は遠く離れたところで何が起こっているか知るよしもありませんでした。戦争のニュースで、私たちの飛行兵が東京へ爆弾を落としに行ったと聞いた時、私の大切な息子がまさかその飛行機の乗組員だとは夢にも思いませんでした。」

未知の地にパラシュートで降りた時、ジェイクに別の考えが浮かんだ。もし死んだらどうなるのだろう。自分の魂はどこへ行くのだろうと。ジェイクはヨハネの福音書の使徒トマスの言葉を思い出した。トマスはイエスに尋ねる。「主よ。どこへいらっしゃるのか、私たちにはわかりません。どうして、その道が私たちにわかりましょう」（ヨハネの福音書14章5節）。トマスのようにジェイクは、自分の命がどうなっていくのか、またどうしたらそれが変わるのか、混乱していた。実際ジェイクによると、「私は自分が死んでいく道について心配した。自分は不道徳で、正しく生きてこなかった。自分は地獄へ行くことになるのか、それともそうではないのか、また何が起ころうとしているか、わからなかった」。さしあたり状況が状況なので、ジェイクはこの疑問について考えることを中断せざるをえなかった。自分がどこにいるのか、他の乗組員はどこにいるのかを把握し、帰る手立てを考え出す必要があった。

第3章　捕虜

わたしはあなたがたに見つけられる。——主の御告げ——わたしは、あなたがたの繁栄を元どおりにし、わたしがあなたがたを追い散らした先のすべての国々と、すべての場所から、あなたがたを集める。——主の御告げ——わたしはあなたがたを引いて行った先から、あなたがたをもとの所へ帰らせる。

——エレミヤ書 29章14節

着地した時、ジェイクは胸に鋭い痛みを感じた。中国人の墓にぶつかった時に二、三本、肋骨を折ったのに違いない。痛みはあったが、自分でパラシュートを切って自由になり、動くことができるようになった。まずジェイクは、墓地を用心しながら歩き回った。墓地は丘の上にあり、土地は水で囲まれていた。次に空に向かってピストルを数発撃った。しかし仲間からはなんの応答もなかった。ジェイクは、ひとりぼっちかもしれないという恐ろしい思いと向き合わなければならなかった。自分の仲間に何が起こっているか、知る手立てがない状況で、ジェイクは暗闇の中を進んだ。しかし雨が降っており、土が滑りやすかったので歩みは遅かった。数分歩くと、小さな石造りの建物に出くわした。中国人が廟《びょう》として使っていたものだった。少し片付ければ、雨宿りの場所として使えると考えた。そのために、「私は香を焚く鉄製の物体を脇へ押しのけた。そして雨から逃れた」。数分間休憩するつもりだったが、疲労困憊のため、朝まで寝てしまった。朝の光で周りのようすがよくわかるようになった。ジェイクは西のほうへ歩き始めた。

数時間歩くと、一本の道路に出た。人が二、三人いた。ジェイクはこう述べている。「ひどく風変わりに見えた。人々は幾分、違っていた。とても知的であるようには見えなかった。……毎年洪水があるに違いない。大量の水が土を覆っていたから。私はそこの人々からは何も得ることができなかった。ここは日本が占領した地域なのだろうか、それともフリー・チャイナなのだろうか。」

歩き続けていくと一軒の店に出くわした。ジェイクは店の中へ入り、中国人の店主に伝えようと数語書こうとした。店主は混乱して頭を振るばかりだった。いらいらしながらその道路を離れ、ジェイクは先へ進んだ。ほどなく主要道路に来た。電話線が見えた。助けを求める電話をかけることができるかもしれないという希望がわいた。道路に沿って歩いていると、自分がこれまで想像もしなかった貧しさや悲惨さが世界には存在するということが、ジェイクにわかった。ジェイクはこう回想する。「私は土の家の中を見ることができた。汚い泥の中で、ニワトリも豚も子どもも一緒に歩き回っていた。そこの人々の頭の大きさは、アメリカ人の四歳の子どもほどであった。顔はしわだらけで年寄りに見えた。私は彼らから多くを期待しなかった。とても空腹だったが、何か食べ物を求める気にはならなかった。」

主要道路をなおも行くと野営地に来た。軍人がいた。ジェイクは日本軍の野営地へ入りたくなかったので、数歩逆戻りした。そして偶然、弾丸で穴だらけの家に出くわした。近くに、子どもと遊んでいる数人の若い兵隊がいた。ジェイクは彼らに日本人か中国人かを尋ねた。その中の一人が、紙切れに「中国人」と書いた。ジェイクは「アメリカ人」と答えた。ジェイクは緊張した。その兵隊が信頼できるかどうかわからなかった。一人が向きを変え立ち去った。これがジェイクをいっそう不安にした。ジェイクは、自分にできる最善のことは進み続けることだと決心した。しかし、男たちの一人に呼び止められた。ジェイクは彼に何本かタバコを渡し、会話をしようと試みた。しかしその男が言うことは「中国人」だけだった。これではなんの役にも立たなかった。ジェイクの懸念は増した。彼は護身のために弾倉に七発、弾丸の入った45口径の拳銃を持っていた。しかしもっと人が来たら、人数でも武器の数でも容易に負けることをジェイクはわかっていた。

話していた男が、小屋に入って座れと手招きした。ジェイクはこう回想する。「どうして小屋に入って座るように言ったのかわからなかったが、小屋に入った。周りを見ることができなかった。まもなく、周りの開いているところに銃を持った八人から十人の男が現れた。」ジェイクは拳銃に手を置いたが、抜かなかった。ジェイクは兵隊たちに「日本人か中国人か」と怒鳴った。彼らは「中国人だ」と怒鳴り返してきた。中国人の兵隊を撃ちたくなかったので、ジェイクは彼らを小屋に入れた。

兵隊たちは小屋に入って来た。ジェイクと友好的に振る舞おうとした。握手したり、背中を軽くたたいたり、微笑みかけてきたりした。兵隊たちはジェイクを小屋から主要道路へと導いた。歩きながら、ジェイクは背中に銃剣の先を感じた。彼は本能的に拳銃に手を伸ばした。その時、英語を話す兵隊の一人が言った。「拳銃を渡しなさい。」ジェイクは、外国で兵隊たちに取り囲まれていることがわかった。拳銃を渡す以外、選択の余地はなかった。

一行が野営地に着くと、ジェイクは羊羹を与えられた。羊羹は甘い豆を砂糖と一緒にすりつぶし、パンケーキのような粉を混ぜたものだった。ジェイクは空腹だった。少なくとも二十四時間何も食べていなかったから。男たちは、どのようにしてここに着いたかをジェイクに尋ねた。ジェイクは聞かれた質問には、すべて「知らない」と返答した。

まもなく、恐れていた最悪の事態になった。男たちはジェイクに、「おまえは日本帝国陸軍の捕虜である」と告げた。通訳は、「怖くないのか」と尋ねた。ジェイクは答えた。「何を恐れようか。」　外見は平静を装ったが、ジェイクは心配だった。日本人が、ジェイクが飛行士であることを知っているかどうかが定かでなかった。ドーリットル大佐が命令したように、着陸した際にパラシュートを処分したのは良い考えだった。うろたえないためには、そのことにできるだけ触れないことだ。

その後、ジェイクは別の町へ連行された。方向感覚を失っていたので、どこへ行こうとしているのか、どのような行く末が待っているのか、まったく見当がつかなかった。ジェイクはそこで、四人の仲間がすでに捕らえられていることを知った。翌朝、建物の前で写真を撮られた時、仲間に再会した。こうありたいと願っていた幸せな再会ではなかった。

第4章　裁判と判決

彼らに捕らえられ、引き渡されたとき、何と言おうかなどと案じるには及びません。ただ、そのとき自分に示されることを、話しなさい。話すのはあなたがたではなく、聖霊です。

——マルコの福音書 13章11節

ジェイクと仲間の乗組員たちは疲れていた。ほぼ丸一日寝ていなかった。翌朝、日本人が彼らを輸送機に乗せ別の町へ運んだので、ほとんど休めなかった。到着すると、捕虜たちは飛行機から降ろされ、一時的な拘置所に入れられた。監房は木の棒でできていた。部屋には木製の便器以外何もなかった。

夕方遅く、ジェイクはある部屋へ連れて行かれた。日本人の士官たちは彼に質問を始めた。ジェイクはその時の経験をこう述べている。

士官の一人が俗語を使いながら、しゃべったほうが身のためだと言った。ここの人間はみんな乱暴だと言った。口を割るまで拷問するかもしれないと言った。私は目隠しされたままだった。十二時間以上もほとんど目隠しのままだった。そして丸一日、何も食べていなかった。私は機会あるごとに質問されたが、しゃべるつもりはないと、決まって答えた。時おり、彼らは日本軍が爆撃し、手に入れたアメリカの領土のことを話した。そして私の顔のすぐ近くまで来て口を開けて笑うのだった。

それから私はある部屋に連れて行かれ、目隠しをはずされた。小柄なずんぐりした体つきの日本人が、机の後ろに煙草を吸いながら立っていた。そして揉み手をしながら早口の日本語でしゃべった。他に何人かが部屋にいた。机の後ろの男は通訳を介してこう話した。「私は中国中で最も親切な裁判官だ。おまえを良く扱いたいと思っている。どこへ行っても、私は中国で最も親切な裁判官という評判だ。」

ジェイクは黒い煙草を吸っている太った男をじっと見た。その裁判官もジェイクをじっと見返してこう言った。「おまえは私に尋問されるのだから非常に幸運だ。本当のことを話しなさい。そうすれば温かい甘いミルクを一杯与えよう。」ジェイクは、ドーリットルが自分の指揮官かと尋ねられたので、「話しません」と答えた。代わりにジェイクは、自分の名前、階級、認識番号を告げた。なぜなら、これがジュネーブ協定の下でジェイクが言うべきことのすべてであったからだ。裁判官はこれに応答して、おまえは日本の支配下に属する、と言った。

裁判官はさらに続けた。「h-o-r-n-e-t という綴りはどう発音するのか。」ジェイクは、「ホーネットです」と答えた。裁判官は尋ねた。「それは日本を爆撃するためにおまえが出撃した航空母艦だろう。」ジェイクは言った。「話しません。」裁判官は続けた。「十六機のＢ25がホーネットから出撃し日本を爆撃した。そうだろう。」ジェイクは言った。「話しません。」この「親切な」裁判官は非常に腹を立てたのに違いない。ただちにこぶしで机をたたき、こう言った。「私に話をする時、おまえはまっすぐに私の目を見るんだ。」

裁判官は怒りながら刀を抜き、刃先を上に向けた。そしてジェイクを真っすぐ見ながらこう言った。「明日の朝、日が出たら、おまえの首をはねてやる。」ジェイクは無言でそこに立っていた。「これについてどう思うか」と裁判官が尋ねた。ジェイクは次のように答えた。

私は裁判官にこう言った。「中国で最も親切な裁判官に首をはねられるなら、自分にとって非常に名誉なことです。」裁判官と他の男たちが初めて笑った。そしてすぐに、私は独房へ連行された。

その夜、私は独房で寝た。目隠しされ、手錠をかけられ、毛布なしだった。翌朝、日が出ると、独房から出された。朝食はなかった。目隠しがはずされ、手錠もはずされた。私は処刑のための刀を持っている裁判官を探した。代わりにカメラを持っている男を見た。みんな笑っていた。写真を撮られた後、私は日本の双発の輸送機に乗せられた。再び目隠しされ手錠をかけられ、ロープで縛られた。私の仲間の何人かが話をしているのが聞こえたが、何も言うことができなかった。

日本人が撮った捕虜の写真はタイム誌に行き着いた。雑誌が出版されると、ジェイクの母と兄弟は、数千キロメートルも離れたところで、その写真を見た。母は写真の男が本当に息子のジェイクなのかしらと思った。しかしジェイクの弟は写真を見て言った。「まちがいない、ジェイクだ。怒っているよ。」後にジェイクの母はドーリットル大佐から、一九四二年五月二十二日付の手紙を受け取った。手紙にドーリットルはこう書いた。「あなたに悪いニュースをお伝えしなければならないことを非常に申し訳なく思います。入手できる最新の情報によりますと、あなたの息子さんは日本が占領した地域の近くに着陸しました。乗組員中、二人が行方不明、三人が捕虜になりました。われわれはこの報告が正しいかどうか確かめることができません。また誰が行方不明で、誰が捕虜になったかもわかりません。赤十字を通じて情報を得ようと努力しています。このような不幸な情報をあなたにお伝えしなければならないことを残念に思います。……私はジェイコブと一緒に働いたことを誇りに思っています。彼と再び働く機会が来るようにと願っています。」

まもなく男たちは、尋問のために中国から日本へ飛行機で連れて行かれた。足かせを付けられたまま、彼らは寒い中、尋問室へ連行された。ジェイクの脚は震え始めた。なんとか震えないようにと努力したが、結局だめだった。ジェイクは怯えているように見られたくなかったのだ。多くの質問がなされたが、ジェイクは答えたくなかった。ただ、「話しません」と答えるだけだった。

時間が経つにつれ、尋問者はドーリットル空襲隊についてかなりの情報を持っているようだとわかった。ジェイクが爆撃手であることさえ知っていた。ある尋問者はこう言った。「おまえはノーデン照準器（Norden bombsight）についてよく知っている。……その図面を描いてもらおう……付属の調整ノブも含めて、どのようにできているかを示せ。」　ジェイクは描けないと答えた。幾つか×と線を描いたが、それは照準器ではなかった。ジェイクは尋問者にこう言った。あなたたちは私を捕まえて運が悪かった。なぜなら、私は何にも描けないのだから。家の図を描くことさえも、と。そうこうしているうちに、他の捕虜たちの一人がノーデン照準器を完全に描いた。その後、その図がノーデン照準器かどうか尋ねられたが、もはや否定しても仕方がなかった。それでジェイクは、「そうです」と答えた。

四週間にわたる二十四時間ぶっ通しの尋問で、成果が得られないとわかって、夜は捕虜に睡眠をとらせた。そして日中、尋問が続いた。

ドーリットル空襲は日本人を驚かせた。杉山元《はじめ》大将は最初から、飛行士は戦争犯罪人であり、厳罰に処すべきだと思っていた。杉山大将はこう主張した。「空襲は戦略的軍事行動案件である。したがって、この件は軍参謀本部の管轄下に置くべきである。空襲に関する調査と処罰は、東京の軍参謀本部で実行すべきである。」

最終的に、第一三軍の沢田茂司令官の依頼によって、八人の男が東京の法廷に立つ命令が出された。幸いにも、軍本部と陸軍省の間に意見の相違があった。杉山はアメリカの飛行士に死刑を宣告するためにロビー活動を行った。杉山はこう考えていた。「これはアメリカに確固たるメッセージを送り、この種類のさらなる脅威を防止することになるだろう。」しかし日本の首相、東條元帥はこう言った。「日本には、日本国土で捕らえられた外国兵士に死刑を科す法律がない。」このため東條は、実際に法律を発議した。その法律というのは、もし連合国の飛行士が日本の領土で捕らえられた場合、その飛行士に死刑が科せられる、というものだった。この法律によって今後日本への連合国の空襲が阻止できると、東條は考えた。

日本の指導者たちが飛行士たちを今後どう処罰するかを検討している間、さらに十八日間尋問が続いた。日本軍は、アメリカ軍が中国のどこにガソリンを備蓄しているかを突き止めたかった。この時期、男たちは互いに話をすることができなかったが、互いの声を聞くことができたのは慰めだった。

最終的に、男たちは上海で裁かれることに決まった。上海へ行く途中、長崎に停まった。汽車による移動の間、捕虜たちは手錠をかけられ、足かせをされ、ロープで縛られた。旅は過酷で、とても不快だった。ロープが皮膚に食い込んだので体が痛んだ。手錠と足かせはきつく留められ、血行が悪くなり、腕や足が痺れた。汽車の上でジェイクは思った。「汽車から出る石炭の煤煙のせいで、われわれは豚小屋に住んでいるようなものだ。」

捕らえられてからほぼ二か月経った。この間、男たちは水で顔を洗うこともほんどできなかった。入浴することも、ちゃんと睡眠をとることもできなかった。

長崎に着くと、彼らは収容所の独房に入れられた。独房は冷たいコンクリートの床で、ゴザが一つあった。そのゴザはコンクリートから来る冷気をほとんど遮るものではなかった。どの部屋も汚く暗かった。自然の明かりもほとんど入らなかった。この収容所に入ると、誰もが外の世界から隔離されたと感じた。部屋の隅に箱が一つあった。この小さな箱が便器の代わりだった。むかむかするような臭いがした。男たちはその側に数秒間も立っていられなかった。その箱は排泄物が浸み出すので不潔だった。この不衛生な環境では赤痢の蔓延を防ぐことが難しかった。

中世のような状況にもかかわらず、男たちは一緒にいるという事実に慰めを覚えた。六番機の痛ましい物語を知った時、ジェイクと仲間たちは自分たちが今どこにいるかを忘れた。B25の六番機は中国の沿岸に到達した時にガソリンがなくなった。操縦士のディーン・ホールマーク大尉は山を越えて飛行しようとしたがエンジンが失速してしまった。エンジンも止まりガソリンもない状態で、ホールマークは機を海へ誘導した。鉄の意志と技巧により信じられないような着水を行った。ホールマークは大きな飛行機を海の上に安全に置くことができた。着水すると、緊急救命ボートが損傷していて使えないことがわかった。男たちは、沈む恐怖のために一刻も飛行機にとどまりたいと思わなかった。海に飛び込み、海岸目指して泳ぎ始めた。

　二人の乗組員、爆撃手と後部射撃手は泳ぐことに支障があった。ディーン・ホールマーク大尉とチェイス・ニールセン大尉は、問題が生じていることに気がつかなかったので先に行った。ロバート・ミーダー大尉は後部射撃手がもがいているのに気がついた。そこでとって返して仲間を助けた。尋常でない勇気と体力を発揮して、ミーダーは後部射撃手の体を支えながら一晩中泳いだ。泳いでいる最中に、その仲間は意識を失い、ぐったりしてしまった。ミーダーは仲間が死んだと思ったが、手を放さなかった。何時間か泳いだ後、ミーダーは海岸にたどり着いた。後部射撃手の体をつかんだままだった。疲労困憊して砂の上に倒れ込んだ。数時間経って目が覚めた。ミーダーは爆撃手と後部射撃手の体が海岸に横たわっているのを見た。彼は二人に近寄って蘇生させようとしたが、遅すぎた。二人の男は低体温症か飛行機が墜落した時に受けた傷のために死んでいた。

　六番機の三人の生存者は離れ離れになった。それぞれ自分の道を進んで行かなければならなかった。一人ひとりが最善を尽くした。ニールセン大尉は海岸に着き、避難するために土手まで這って行った。土手の上を転がるやいなや、自分の体が落下するのを感じた。地面に激突し、しばらく気を失っていた。意識が戻ってみると、小さな崖を落ちたことがわかった。転落して首の骨を折らなかったのは幸いだった。ニールセンは立ち上がり、小道があるのに気がついた。その道に沿って歩くと小さな村に来た。

ホールマーク大尉は日の出になるまで海岸にいた。日が昇ると、仲間を探して歩き始めた。誰にも会わずに小道に出た。そして道に沿って歩き始めた。中国人の村に入るとひと騒動あった。森から現れたアメリカ人を見て、中国人が驚いた。すぐに、弱っているアメリカ人の周りに人が集まった。中国人はいろいろ質問を始めたが、ホールマークには何を言っているのかさっぱりわからなかった。中国人はホールマークを急いで土でできた家へ連れて行って、熱いお茶をいれてくれた。突然、一人の中国人が早口で何かしゃべり、戸口を指さした。ホールマークはその中国人が誰か来たということを自分に警告しているのだと感じた。日本の兵隊が近づいて来たのかもしれないと思い、ホールマークは素早く大きな木片をつかみ、肩の上のほうに構えた。戸が開いた時、ホールマークはその木片を振り上げ、攻撃しようとした。なんと驚いたことに、入って来たのはニールセン大尉だった。ホールマークは武器を捨てて仲間を迎えた。

ほどなく、中国人はミーダー大尉も見つけ、三人は再会した。中国人はアメリカ人を厚遇した。食べ物をくれ、寝ることもできた。飛行士たちは、自分たちが日本人から逃げるのを、この中国人たちが手助けしてくれると思った。しかしその考えは間違っていることがわかった。

なぜなら中国人の兵隊は、アメリカ人を日本の当局に引き渡したからだ。

長崎で一日、悲惨な経験をした後、ジェイクと仲間たちは上海行きの汽車に乗せられた。そして上海でドーリットル空襲隊の他の捕虜たちと合流した。捕虜たちはすぐに「ブリッジ・ハウス」に入れられた。ブリッジ・ハウスは第二次世界大戦中、悪名高い日本の捕虜収容所の一つだった。捕虜たちは体調不良の状態で着いた。体はかさぶたや炎症で覆われていた。掻くとかさぶたは出血し、炎症箇所からは気持ち悪い白い液体が浸み出した。捕虜たちはひどく痩せ、ほとんど動けなかった。部屋に入れられたのは捕虜たちだけではなかった。中国人の囚人も一緒に入れられた。そのうち二人は女性だった。部屋はとても狭く、全員がそろって横になることができなかった。すし詰め状態だった。みんな臭かった。悪臭のために胸が悪くなったり吐いたりした。部屋の床には南京虫、シラミ、ネズミがはびこっていた。このため睡眠をとることは、ほとんど不可能だった。

ブリッジ・ハウスの食事はお話にならないものだった。朝はごはん一杯、昼は四オンス（百十二グラム）のパン一切れ、夜も四オンスのパン一切れ。時は一九四二年の夏だった。気温は摂氏三〇度以上。すし詰めの部屋は空気の流れが悪く、息が詰まるほど暑かった。水も足りなかった。実際、八人のアメリカ人は、一日二リットル足らずの水を分け合わなければならなかった。人間の体を維持するためには一日二・五リットルの水が必要なことを考えると、かなり少ない量の水だった。これらすべてを含めて、ジェイクは収容所と自分を捕まえた側について観察したことを述べている。

ある日、中国人の一人の女性が転んで頭に怪我をした。看守たちは笑い、その女は病気のふりをしていると言った。看守は彼女の頭を杖で打った。その杖には幾つかの鍵がついていた。看守は極めて低級な人々のように思えた。彼らは時々、夜中にわれわれを起こし立たせた。そしてわれわれを長い棒で打って脅かした。その棒は独房のかんぬきに差してある棒だった。

このような邪悪な環境に置かれたのは初めてだった。アメリカと東洋でなぜこんなに大きな差があるのかと、考えざるをえなかった。アメリカにも悪はある。しかし、アメリカの悪はわれわれが見た悪にはかなわない。真実が自分にわかり始めた——違いをもたらすのはキリスト教信仰なのだ。アメリカの多くの人々は、自分はクリスチャンだと告白していないが、クリスチャンの流儀に従っている。だからアメリカのクリスチャンでない人々でも、女性の頭を打ったりはしない。クリスチャンは自分たちの外の世界に、正しい行動の仕方を示してきた。それは、クリスチャンは世の光であれ、と神が言われたからだ。私はいつも宗教から遠ざかろうとしてきた。しかし今、私はキリスト教が人類にとって偉大な恩恵であると理解し始めた。それは人類の幸福のための神の計画なのだ。

日中、われわれは背中に支えのない状態で、床に背筋を伸ばして座らなければならなかった。看守は、われわれが肘で体を支えているのを見つけるとすぐに捕まえた。そして竹の棒で頭を打とうとした。中国人の囚人は打たれるままにし、日本人の看守に礼を言った。われわれアメリカ人はいつも、自分を打つのを思いとどまらせようとした。だが時々、その罰を受けなければならなかった。

ある日、看守は壁に寄りかかっていたハイト大尉とファロー大尉を見つけた。看守は「こらあ!」と大声を出して戸を開けた。そして刀の入った鉄の鞘で二人の頭を打った。ハイト大尉はその武器をつかんだので、看守は鞘から刀を抜いた。ハイトは今にも殺されそうだった。しかし看守はなんとか落ち着きを取り戻し、凶行には至らなかった。

われわれの食べ物は多くはなかった。ホールマーク大尉は大男だった。彼の体格では食べ物がもっと必要だった。われわれは全員、水と食べ物の不足で弱っていた。ある日、ホールマーク大尉が意識を失った。彼は重い病気にかかっていた。われわれはホールマーク大尉を便器へ連れて行かなければならなかった。赤痢だった。十五分ごとに便器に連れて行かなければならなかった。われわれは交代で働いたが、それはきつ過ぎた。ついにへたばってしまった。全員が消耗して床に仰向けで横たわった。事実上、ギブアップである。

ドーリットル空襲隊の八人は七十日間、このような状態で生活していた。絶えず打たれ、虐待され、また不潔で暗い環境の中で、アメリカの兵士たちは自分たちの行く末がどうなるのかまったく知らなかった。自分たちは永久にここにいるのだろうか、それとも日本政府は自分たちを処刑するのだろうか。男たちは落胆し、すっかり望みを失っていた。

このような状況にある時、男たちは裁判にかけられた。もしそれを裁判と呼べるならばだが。アメリカ人捕虜はショウジ・イトウ少将の前に立った。彼は上海の第一三陸軍軍事法廷の裁判長だった。公判は裁判所で行われ、主任検察官のイッラ・ハタ少佐により進められた。被告側弁護人もなく、無罪か有罪かの宣言もなく、証人もなかった。実際、東京の軍本部では捕虜の運命をすでに決めていた。杉山大将はアメリカ人捕虜が死刑を宣告され、ただちに刑が執行されることを求めていた。

アメリカ人の捕虜は、日本の都市に対するドーリットルの空襲が「無差別爆撃」であるとして告発された。その空襲によって何千人もの一般市民と非軍事要員が殺されたと報告された。ハタ検察官は、爆撃は軍法違反であると宣言した。

公判の終わりに、アメリカ人捕虜は法廷から出された。裁判官は判決を述べた。アメリカ人の捕虜は処刑されることになった。判決文は電信で東京へ送られたが、捕虜たちは自分たちの運命を知らなかった。

杉山大将は死刑判決を喜んだ。なにしろ杉山大将は、最初からアメリカ人捕虜を厳しく処分すべきと主張していたのだから。敵に慈悲は無用、特に日本本土を爆撃した者たちにはことさらであった。しかし、日本帝国軍には異論を唱えるグループがあった。彼らは、死刑判決は戦争のこの段階では厳しすぎると考えていた。また、捕虜を生かしておけば、日本に役立つ情報を得ることができるチャンスがあると考えていた。

その一方、アメリカ人の捕虜たちはブリッジ・ハウスで惨めに暮らしていた。八人の健康状態は日増しに悪化し、生活条件を改善しなければ死ぬかもわからない状況に至った。七十日以上経って、日本の当局はアメリカ人捕虜を上海郊外の別の収容所へ移すことを決定した。捕虜たちには、なぜ移るのかについて理由は伝えられなかった。新しい収容所に移ったが、捕虜たちは以前と同様の汚い環境で生活を続けた。しかし、今度は思いがけない贈り物があった。それは独房監禁だった。各人が二・七メートル×一・五メートルの独房に入れられた。独房には、食事が戸口の開口部から配られる時以外、光は入らなかった。独房にいる間、いろいろな考えが彼らの頭を駆け巡った。長い夜の間、男たちは未知のものと格闘した。心の中で、戸が開き外へ出され、銃殺隊の前に立たされる、といった想像をした。

捕虜たちは知らないことだったが、日本の軍指導者と戦時内閣の間には競争意識と嫉妬が渦巻いていた。このことが捕虜たちの運命を最終的に決定するのに影響を与えた。記録によると、東條は天皇に謁見を許され、もっと寛大な処分に賛成だと伝えた。しかし杉山大将は捕虜たちにすでに死刑を宣告していた。結局、天皇は五人の捕虜を終身刑に減刑した。そして残りの三人、すなわちホールマーク操縦士、ファロー操縦士、そしてスパッツ射撃手は銃殺刑となった。

杉山大将から伝達された内容は、戦争犯罪人のホールマーク、ファロー、スパッツは一九四二年十月十五日に処刑されるというものだった。その日に処刑が実行されたかどうかは不明である。知られていることは以下のことである。ホールマーク、ファロー、スパッツは外へ引き出され、目隠しをされた。そして地面にひざまずかされ、一人ずつ、ライフル銃で頭を撃たれた。何らかの理由で、日本人は彼らの墓の上に三本の十字架を立てた。その十字架のおかげ

出撃前のコウモリ号乗員。左からバール、ファロー、スパッツ、ハイト、そしてディシェイザー。

で、戦後すぐに、ドーリットル空襲隊の生き残りの者が遺体を収容することができた。

命が助かった五人は戦後になるまで、仲間が殺されたことを知らなかった。終身刑を宣告された五人、すなわちミーダー、ニールセン、ハイト、バール、そしてディシェイザーは、急いで法廷に戻された。裁判官は、おまえたちは戦争犯罪のため有罪と認められ、処刑されることになっていた。しかし、日本国天皇が判決を変えられ、おまえたちは終身刑を受けることになった、と言った。また裁判官は、おまえたちは「特別待遇」を受けるのだ、とも言った。これが何をもたらすものなのか、男たちは知らなかったが、いろいろな思いが彼らの頭を駆け巡った。この陳述の後、男たちはそれぞれの独房へ連れ戻された。判決の後、ジェイクはこう思った。「私はてっきり、以前に日本人が行ったやり方で処刑されると思っていた。しかし日本人がわれわれを生き延びさせてくれたと知って本当にほっとした。自由の身になる機会が来るまで独房に監禁され、戦争が長引くかもしれなかったが、私はなんとも言えない不思議な喜びを感じた。しかし同時に、再び自由の身になることにはほとんど望みがないように思えた。というのは、アメリカが戦争に勝った時には、われわれは処刑されるというのが最もありそうな筋書きだったからだ。」

独房に戻ると、一人ひとりの疑惑と恐怖はますます増大するのだった。捕虜たちはさらに四十か月、ここで過ごすことになるのだった。

第5章　暗闇の孤独

私は若いころから悩み、そして死にひんしています。私はあなたの恐ろしさに耐えてきて、心が乱れています。

——詩篇88篇15節

ジェイクと仲間たちが空母ホーネットを飛び立った朝から六か月経った。なんと異なる日々を送っていることだろう。ジェイクは日本へ全速力で向かった時に経験した、わくわくする感覚を思い出した。そのような作戦に選ばれ、身の引き締まる思いだった。出撃した日のことを鮮やかに覚えていた。ドーリットル大佐がB25を見事浮揚させた時、乗組員全員でどんなに拍手喝采したことか。ジェイクは飛行機のプロペラで腕を切断した気の毒な水兵のことを思い出した。激痛を感じていたに違いないが、その水兵は力を振り絞り、敵を地獄送りにしろ、とジェイクに言った。しかし今やジェイクは、まさに地上の地獄にいるのだと思った。

捕虜は一人ひとり、二・七メートル×一・五メートルの独房に入れられた。部屋は天井近くに小さな開口があるだけで窓はなかった。戸口の前には監視の看守がいた。時々、看守は捕虜を愚弄した。捕虜は本もラジオも新聞も与えられなかった。仲間どうし交わる時間もなかった。捕虜たちには家からの手紙や小包もなかった。隔離され孤独だった。家族が自分たちのことを生きていると思っているだろうかと思った。男たちは、結局自分たちは処刑されるのではないかという恐怖と不安の中で毎日を生きていた。

独房に監禁されているので、生きているという実感が乏しかった。このような日が永遠に続くように感じられた。男たちはこのようにして毎日を二十三時間と三十分間過ごした。そして最もわくわくする三十分間があった。それは運動をし、体を洗う三十分間だった。男たちは仲間の一人ひとりがどんなようすかを懸命に観察した。看守は監視の眼を光らせていたが、そっと話をしたり、励ます必要があると思った仲間には言葉をかけたりした。

捕虜たちは孤独な独房で時間を過ごすことによって、どんどん元気がなくなった。生き延びる唯一の方法はいつか救出されると考え続けることだと誰もが思った。男たちは、米国が日本を打ち負かし戦争に勝利するという信念を持たなければならなかった。しかし、このように考えようと努力したが、一人で過ごす時間が多いために元気をなくしていった。ジェイクの仲間の一人、ボブ・ハイトは、兵士たちがどのようにして時間を過ごしたかを述べている。

冬になったので独房はひどく寒かった。むき出しの床の上では、毛布二枚では不十分だった。毛布をもっとくれと懇願した。われわれは、衣食住に関する最低限のことで悩んだ。そして毎日やってくる昼と夜の時間のほとんどを、考えることで過ごした。われわれは、思い出すことができる以前の生活について、微に入り細に入り吟味した。ほとんどの記憶は楽しいものだった。子どもの頃のことや、家族のことや、学生時代のことや、友人のことである。それらは、日常生活では当たり前と思っていた小さなことだった。また自分の性格の欠点について考え、それらをどうにかする機会があるのだろうか、と思った。

時おり、どれくらい長い間、自分の良心に恥じないように生きることができるだろうかと思った。自分にはそれができるほどの人間的深みがあるようには思えなかった。そして、自分自身や自分にまつわることすべてがとても嫌になった。自分自身に対して、より良い存在であるように努力してこなかったことを後悔した。やがて寒さが徐々に厳しくなってきた。そして、考えることができなくなった。

仲間の他の三人に何が起こったかを知るために、男たちは看守に何かと話しかけようとした。彼らはシーザー・ルイス・ドス・レメディオスという男と仲良くなった。シーザーは日本人とポルトガル人の混血で、捕虜と日本人の間の通訳をした。シーザーもたまたま囚人だった。男たちは仲間の他の三人に何が起こったかを知ろうとした。レメディオスはほとんど何も知らなかった。彼が男たちに話したことは、仲間は別の捕虜収容所に連れて行かれたということだった。男たちはシーザーに、自分たちは処刑されるのかどうかを心配して尋ねた。シーザーはこう答えた。あなたたちは処刑されることになっていたが、天皇があなたたちの判決を減刑したと聞いた、と。これを聞いて男たちは、日本人が自分たちに嘘をついているのではないかという疑いが和らいだ。

シーザーは、何かと話をする口実を作った。日本人の看守たちは、これを好まなかった。彼らが話をしているのを見つけると、背後に近づき、こう言った。「話やめい!」 そして看守たちは、彼らの頭を木片か刀の鞘でたたくのだった。

ある時、シーザーは飛行兵たちにとりわけ恐ろしい話をした。それはこうだった。日本は中国の一部を征服したかったので、多数の中国人を捕虜にした。捕虜は重労働に使われた。日本人は中国人を特に嫌った。それは、自分たちは人種的に中国人より優れていると思っていたからだった。日本人は中国人の捕虜に巨大な溝を掘らせた。この作業は、暑くて耐えられない太陽の出ている午後に行われた。溝の準備ができると、日本人は捕虜たちを後ろ手に縛ってひざまずかせた。そして目隠しをした。日本人の看守は捕虜を見下ろし、刀を抜き捕虜の頭上に振り上げた。ゆっくりかつ整然と、中国人の捕虜たちの首をはねていった。首は溝の中へ転がり落ち、胴体はその上に投げ捨てられた。処刑が終わるとすぐ、別の中国人捕虜たちが処刑され、その共同墓地に積み上げられた。

男たちはゾッとした。その話を信じたくなかった。しかし時々、日本人の看守が血の跳ねた眼鏡をしているのを見た。実際、日本人の看守は飛行士たちに歩み寄り、――眼鏡に血が跳ねた状態で――「いつか、おまえたちの首をはね、溝の中に蹴とばしてやる」と言った。

シーザーは男たちに、こっそり食べ物を余分にくれる方法を見つけた。その方法の一つは、看守の皿からスプーン一杯分の食べ物を取ることだった。看守が見てない時に、彼はアメリカ人の皿に素早くその食べ物を加えた。シーザーがしていることのリスクは大きかった。もしアメリカ人を助けているところを見つけられていたら、たぶん厳しく処罰されていただろう。ひょっとしたら処刑されていたかもしれなかった。

捕虜たちが終わりの見えない単調な時間を過ごす方法に、ゲームがあった。ミーダー大尉は乏しい食事の割り当てを使ったゲームを考え出した。ゲームはこうだった。毎週、彼らは数字を引いた。当選番号を引いた者は椀一杯のごはんの半分か、椀一杯のスープを余分にもらうというものだった。ジェイクは幸運で、ゲームによく勝った。ジェイクはこう記している。「われわれはこのゲームを大いに楽しんだ。週に一度、二か月続いただけだったが。またわれわれは食事に先立って、椀一杯のごはんと椀二杯のスープを交換する取引をよく行った。しかし、食事が運ばれると、一番得をしたと思われる取引相手にブーイングしたり不平を言ったりした。もちろん、あらかじめどんな食事が出るかは知らなかった。われわれはお互いに取引することを楽しんだ。」

単調な時間を過ごすためにジェイクが考えた運動は、独房の壁をよじ登ることだった。独房の幅は一・五メートルしかなかったので、壁に自分を押し上げるための足場を得ることができた。試行錯誤しながらも、練習のおかげで、天井まで三・六メートルを上ることができた。ジェイクが壁登りを始めた動機は身体運動のためだけではなかった。壁の一番上にある小窓から外を覗きたかったからだ。てっぺんに着くと、田舎のようすを見ることができた。ジェイクは外の景色を頭の中に入れた。この壁登りは、精神を明らかに高めるのに役立った一方、日本軍によって拒絶されている自由を思い出させた。ジェイクにとって幸運だったのは、この壁登りのことで看守が彼を捕まえなかったことだった。

一九四三年一月、ハイト大尉は非常に体の具合が悪くなった。「ハイトは意識を失った。数分経った時、物が二重に見え、動けなかった。看護兵が呼ばれ、彼に注射をした。ハイトは四十八時間意識が戻らなかった。」ハイトが目覚めた時、バール、ニールセン、ディシェイザーは独房の外へ出された。ミーダーはハイトの世話をするために残された。「ハイトはおよそ三か月間、病床に伏した。この間、ハイトの会話も行動も不安定になった。早春になるまで正常に戻らなかった。」

一九四三年四月、男たちは再び場所を移された。彼らは南京の収容所へ護送され、すぐに独房へ入れられた。しかし、南京の看守は今までの看守より受容力があり友好的であるように思え、男たちは少し安堵した。時々、看守たちは男たちに戦争について話をした。戦争の話はするなと命令されていたが、結局は話したのだった。運動と部屋を掃除するために、男たちは外へ連れ出された。外では、男たちはなんとか挨拶を交わした。そして互いに短い会話をしようとしたが、看守たちはこれを許さず、静かにするように言った。

時間はゆっくりと経過した。心を新鮮に保つために、男たちは精神的なチャレンジをした。将来農場を造る計画を立てたり、詩を覚えたりした。時には日本人の看守とレスリングをすることもあった。看守が勝つと、男たちは「日本勝った！　日本勝った！」と叫んだ。また、時々運動の時間中、話をすることを看守に認めさせたりした。日本人が男たちに戦争について話をする時には、日本が勝つと言い張った。看守たちは捕虜たちに、おまえたちに希望はない、としょっちゅう言った。ある看守は、シカゴが爆撃され日本軍はホワイトハウスに迫っていると言った。男たちはがっかりしたが、このプロパガンダを受け入れなかった。

看守たちの話によってはっきりわかったことは、日本が最後の一人になるまで戦う準備ができているということだった。看守たちは、日本の兵士はヤマトダマシイを持っており、この日本の戦闘精神が弱いアメリカ人を粉砕するのだと言った。アメリカの社会は脆弱で、享楽と自己達成のみに目を向けていると看守たちは信じていた。そのためアメリカ人は日本帝国軍に抵抗することができない、と彼らは言った。しかし、「もし日本が負けアメリカが勝っても、捕虜たちが解放されることはない。全員、首をはねられるだろう」と言った。看守たちはさらに捕虜たちに、天皇が日本の勝利を確かなものにする、と言った。

このような会話を通して、男たちは神聖な天皇に関する日本人の信念を知った。日本人は、天皇は絶えることのない王の血統を代表している、と信じていた。その血筋は天照大神《あまてらすおおみかみ》にまでさかのぼることができた。天皇は現人神《あらひとがみ》として崇拝され、完全に人であり完全に神である存在だった。天皇が神であるゆえに、天皇は間違うはずがなく、日本の勝利は確かである、と日本人は信じていた。さらに天皇は、この軍事作戦において自分のために戦うように国に求めていたので、天皇に仕えて死ぬことは、日本の兵士が成しうる最高の栄誉であった。これらの会話を思い出しながら、ジェイクはこう語った。「看守たちは多くの幻想的な話をした。いかに神が日本人に味方したか、いかに多くの船をたった一機の飛行機で沈めることができたか、というような話であった。この戦争に関しては自分たちが正しいと、彼らは信じているように思えた。看守たちは、アメリカがこの戦争を始めたと言った。看守たちが自分たちの主張を持ち出した時、私たちは非常に驚いた。日本政府が自国民に話していることを、どうして成長した大人が信じられるかを理解することは困難のように思えた。しかしこれらの男たちは、自分たちは正しく、自分たちの国は勝つ、と確信していた。看守たちは揺るぎない超自然的な力に信頼していた。これらの『中国人の首をはねた者たち』は、自分たちは正しく、神は常に正しい者の味方である、と言った。」

天皇が神であるという考えは、ジェイクに衝撃を与えた。この信念について、ジェイクは次のように語った。「この男たちは真の神について、これまで教えられたことがない。すべての人間に啓示された神は、平和の味方であることを、どうして彼らは知ることができるだろう。

彼らはイエスについて何も知らなかった。イエスは、人を憎む罪、権力を欲しがる罪の代価を支払うために十字架の上で死なれた。彼らはイエスの聖霊について知らなかった。聖霊は人の中に入られ、憎しみとこの世の貪欲を取り除いてくださる。彼らは、日本のためにすべてのものを求める神についてだけ教えられていた。彼らはイエスについて知らなければならなかった。イエスは、あらゆる国とあらゆる世代の人間のための、神の真の代表であった。」

一九四三年の終わりごろ、男たちはミーダー大尉が徐々に弱り痩せていくのに気がついた。彼は独房の災難、赤痢を患っていた。ミーダーのことが心配で、男たちは彼がどんな具合か確かめたいと思った。だが看守の監視の下で、誰もあえてミーダーに近づかなかった。しかしニールセン大尉は、同僚の状態を調べなければならないと心に決めた。規則をわざと無視して、ニールセンはミーダーのところへ歩み寄り、どんな具合かを尋ねた。これを見ていた一人の看守がニールセンに、黙れ、と叫んだ。ニールセンはこれを無視した。看守はニールセンとミーダーに叫び続けた。二人は互いに話を続けていた。ついにニールセンが看守の前に現れた時、看守は怒りに逆上し、彼の顔をひっぱたいた。ニールセンはゆっくりとバケツを地面に置いた。彼は咳払いをしながら、故意に手を伸ばし、手の甲で看守を打った。

信じられない光景だった。看守はそこに立ち尽くし怒りで真っ赤になった。次にどんなことが起こるかわからなかった。七、八人の看守がその場所へ駆けつけて来た。彼らは息を荒げていきり立った。一方、くだんの看守は鉄製の鞘に手を伸ばし、ニールセンを狙って振り回し始めた。しかし看守の振りは鈍かったので、ニールセンはよけることができた。ジェイクはこう書いている。「ニールセンが怒った看守の打撃をかわすようすはおかしかった。もし看守の振り回す鞘が当たっていたら、彼は死んでいたかもしれなかった。見ていた看守の一人が喧嘩を止めようとした。その意図は良かったのだが、鞘が彼の後頭部に当たるというとばっちりを受けた。その後、喧嘩はやんだ。」

騒動の後、男たちはそれぞれの独房に連れ戻された。ジェイクはニールセンに何が起こるか心配だった。あからさまに看守に逆らったのだから、死刑になるかもしれないと思った。しかし驚いたことに、ニールセンには何も起こらなかった。実際、事件自体が完全に忘れ去られた。看守たちはニールセンの勇敢な行動に感服したように思えた。

それから数週間経ち、ミーダー大尉の具合が悪化した。悲しいことに、ミーダー大尉は脚気の合併症で一九四三年十二月一日に亡くなった。ミーダー大尉の死は、男たちにすぐには知らされなかったが、庭で大きな箱が作られているのを見てそうだとわかった。ミーダー大尉について ジェイクはこう語っている。「ミーダー大尉は聖書の言葉をよく理解しているように思えた。ある日、ミーダーと私は庭で雑草を抜きながら楽しい話をした。ミーダーは私にこう語った。イエス・キリストは主であり、やがて来られる王である。イエスは神の子で、神はあらゆる国、あらゆる民が、イエスは主また救い主であると認めることを望んでおられる、と。ミーダーは、戦争はイエス・キリストがやめさせるまで続くと言った。私は、ミーダーが何を言おうとしたのか、その時はわからなかったが、後になってその言葉を思い出した。ミーダー大尉は頭のいい人だった。すべてにおいて本当に紳士で、貴公子だった。」

翌日、男たちは最後の別れのためミーダーの独房へ連れて行かれた。上品な花輪で飾られた箱があり、箱のふたの上に聖書が置かれていた。ミーダーが死んだという知らせが上層部に届くとすぐに、捕虜の取り扱い方について変更が加えられた。毎日の食事の割り当てに、ごはんとスープの他にパンが添えられた。食事の回数も日に二回から三回に増えた。まもなく、四人の捕虜の健康と精神の状態が良くなった。

また捕虜たちは、何か心を元気にするものが欲しいと言った。日本人はその要求に応じ、何冊かの本を彼らに与えた。そのうちの一冊がアメリカン・スタンダード・エディションの聖書だった。グループの中でジェイクだけが将校ではなかったので、本を読む順番を待たなければならなかった。一九四四年の夏の初めになって、ようやく聖書を読む機会が訪れた。聖書を手に取った時から、ジェイクの人生はこれまでと違うものとなった。

第6章　喜びに満たされて

神は、私たちを暗やみの圧制から救い出して、愛する御子のご支配の中に移してくださいました。

——コロサイ人への手紙　1章13節

ジェイクが聖書を受け取ったのは、一九四四年五月のことだった。辛抱強く自分の順番が来るまで待っていて、とうとうその時が来たのだ。看守はジェイクの独房に来て、アメリカン・スタンダード・エディションの聖書を渡した。それが今、彼のもとにあるのだ。それから三週間というもの、ジェイクはむさぼるように聖書を読んだ。彼は、まるで誕生日やクリマスのプレゼントの包みを開けた時の少年のような気持ちになったことを思い出す。

クリスチャン家庭に育ったので、ジェイクは聖書に慣れ親しんでいた。両親は敬虔なクリスチャンで、よく聖書の言葉をジェイクに語った。ジェイクもまた少年時代、フリーメソジスト教会の日曜学校で聖書の言葉を聞いた。しかし、ジェイクの人生においてその時点までは、聖書は単に一冊の本にすぎなかった。特段、影響を与えるものではなかった。ジェイクは、両親や牧師が聖書は神のことばであると繰り返し述べるのを聞いたが、それが何を意味するのか、その時はわからなかった。

ジェイクは看守から聖書を受け取ると、自分の独房に座って読んだが、そこはあまり明るくなく、印刷の字もとても小さかった。しかし読みたいという気持ちが強かったので、それほど問題ではなかった。彼は創世記一章一節を開いて読んだ。「初めに、神が天と地を創造した。地は茫漠として何もなかった。やみが大水の上にあり、神の霊が水の上を動いていた。神は仰せられた。『光があれ。』すると光があった。」

ジェイクは読んだ内容に驚いた。彼は、神による宇宙の創造や、神がどのように無から地を造られたかについて学んだ。神はどのように昼と夜を造り、どのように地と海に棲む生き物を造ったか。神はどのようにアダムとエバを造り、彼らはどのように楽園で神と共に暮らしたかを読んだ。ジェイクは高慢（プライド）について学んだ。高慢は人間に神のようになりたいと切望させる罪で、このために人間は結局エデンの園から追放された。

ジェイクは偉大な聖書の人物、すなわちアブラハム、サラ、モーセ、イザヤ、そしてエレミヤに次々に出会った。イスラエル人をエジプト人の支配者から神が救出する物語を、楽しんで読んだ。神がモーセの前に燃える柴のうちにどのように現れたかという箇所には、特に感銘を受けた。これがご自分を人間に現される神なのだ。神は預言者とイスラエルの王に語られた。神が語られると彼らは聞いた。ジェイクはまた、イスラエルの預言者が、イエスが来られることをどのように預言したかにとても興味をそそられた。イザヤ書53章5節、6節がこう述べていることを読んだのを覚えている。「しかし、彼は、私たちのそむきの罪のために刺し通され、私たちの咎のために砕かれた。彼への懲らしめが私たちに平安をもたらし、彼の打ち傷によって、私たちはいやされた。私たちはみな、羊のようにさまよい、おのおの、自分かってな道に向かって行った。しかし、主は、私たちのすべての咎を彼に負わせた。」

この三週間、ジェイクはむさぼるように聖書を読んだ。できるだけ聖書の言葉を記憶しようと全力を傾けた。それは、つらい時に聖なる神のことばに慰めを見つけるためであった。聖書についてあれこれと考え、ジェイクはこのように語っている。

聖書は他の書物と異なる。聖書を書いた人々は、神が自分たちに語られたと言った。そして（歴史は）、神が彼らに語られたことを証明した。これらの人々は神が彼らに啓示されたことを書き下した。預言者は人類の歴史に起こった最も偉大な出来事を預言した。彼らは神の御子、イエス・キリスト、すなわち世界のすべての民の救い主が来られることを預言した。

聖書以外の書物は、神が著者に語られたとは主張していない。書物がそのような主張をしないのなら、神が著者に語られたと証明することはできない。聖書は、神が聖書の著者に語られたということを証明している。聖書の著者が宣言したことが実際に起こった――神がわれわれの世界に来られるということさえ、聖書の著者は知っていた。神が聖書の著者に語られたゆえに、人は聖書が真実であることを知る。聖書には、人間の救いに関する神のご計画が書かれている。この世界を造られた超自然的な力が、真理を知ることができるように、すべての人間に啓示を与えた。神は宇宙の森羅万象を通してご自分の力を啓示された。神は人間に語られ、律法を与えられた。聖書は人間の理屈を記したものではなく、神のことばである。

ユダヤ人は自分たちの罪の贖いをする目的で、牛や羊や山羊や鳥のいけにえをささげた。預言者は人々に、われわれはみな罪を犯した、と語った。誰もが罪を犯している。神は人間を完全なものとして造られた。しかし人間は、神が造られた完全な状態から堕落したので、われわれはみな不完全である。不完全なものは神に栄光を帰さない。人は不完全なので、神にとって不快な存在である。

しかし、もし人が神を信じるなら、神は喜んで人を赦される。ユダヤ人は、自分たちは神を信じているということを示すために、罪の贖いのためのいけにえをささげた。もちろん、預言者たちは、動物のいけにえが決して神の律法を満たさないことを知っていた。神の律法は、人間は罪を犯すならば死ななければならない、と述べている。しかし預言者たちは、神の御子が死ぬことによって、もし人々が自分たちは神を信じる信仰を持っているということを示すなら、この世で犯したすべての罪が贖われる、ということを知っていた。動物を犠牲にすることは、旧約聖書の時代のユダヤ人に対して、信仰を表す象徴として神が与えられた手段であった。ユダヤ人の預言者のある者は、神の救いのご計画をはっきりと見ていた。そのような預言者に対して、神は特別な時に彼らに十分な啓示をされた。

ジェイクにとって、聖書が神のことばであるという証言は半端ではなかった。確かに、旧約聖書の預言は新約聖書において成就したと思った。例えば、やがて来られるメシアの苦悩をイザヤがどんなに正確に預言したかに驚いた。イザヤの言葉を心に留めながら、ジェイクはマタイの福音書27章のイエスが十字架につけられる物語を読んだ。イザヤは、人々はメシアを罵り、拒否すると言った。これは、ユダヤ人はメシアが勇敢な王として来られ、自分たちを救ってくれると期待していたせいだと思った。つまりユダヤ人にとってメシアは、モーセがエジプト人からイスラエル人を救ったのと同じように、自分たちをローマ人から救う存在であったのだ。しかしイエスは、ユダヤ人の期待に沿わなかった。勇士ではなく、癒やす人であり、教師だった。イエスは神殿で語り、悪霊を追い出し、奇跡を起こし、取税人や売春婦やツァラアト（重い皮膚病）の病人と親しく交わった。

ジェイクは、ユダヤ人がなぜイエスをペテン師だと思ったかを理解し始めた。ユダヤ人が望んでいるようにではなく、神はイエスを見捨て、身の毛がよだつようなむごい死を遂げるようにした。しかし福音書を読んだ時、ジェイクは、イエスは旧約聖書の預言者が預言したことを成就した、と思った。彼は、ダニエルの言葉「油そそがれた者は断たれ」（ダニエル９・26）とゼカリヤの言葉「牧者を打ち殺せ。そうすれば、羊は散って行き」（ゼカリヤ13・７）を思い出した。

旧約聖書と新約聖書には連続性があることがわかった。彼はついにこう思った。「そうなのだ、キリストはわれわれのために死んだのだ。これが聖書全巻を貫くメッセージだ。聖書は多くの異なる人々が書いているが、同じ救いの啓示が一人ひとりに与えられた。そして同じ思想の糸が創世記から黙示録まで貫いている。私は自分の生涯においてそのあかしを見た。私は神のやりかたを見た。神は、われわれが見ることができるようにご自身を現された。」

ジェイクは聖書の言葉を読み、そして消化することに、できるだけ多くの時間を費やした。後にシアトルパシフィック大学（ＳＰＣ）の学生として、ジェイクは自分の初期の伝記作者であり、当時ＳＰＣの学長だったホイト・ワトソン博士にこう述べていた。自分は旧約聖書と新約聖書の間をいかに行きつ戻りつしながら、その都度新しい洞察を得ていることか、と。ジェイクはすべてのものをはっきりと見始めた。すなわち旧約聖書は、新約聖書においてイエスが来られるという出来事のために、道を開いているのだと。多くの時間を費やして聖書を読み、黙想したことによって、独房に入れられたジェイクに変化が起こった。ジェイクはこう記している。

神は、救い主が必要であること、そして救い主が来ることを非常にはっきりと示された。預言者が預言したように、救い主はベツレヘムに生まれた。救い主イエスはベツレヘムに生きた。救い主イエスは罪のない生涯を送った。イエスは多くの奇跡を行った。

イエスは、「生ける神の子、キリスト」であることをはっきりさせた（マタイの福音書16章16節）。イエスこそ、預言者たちが多くのことを語ったその人だった。イエスは人々に、自分はアブラハムより前にすでに存在していたと言った。アブラハムはその時よりおよそ二千年前に生きていた。ヨハネの福音書17章5節において、イエスは栄光について語った。その栄光とは、世界が創造される前にイエスが御父と共有していた栄光であった。イエスは大胆に神であることを主張した。それにユダヤ人は反発し、石を拾ってイエスに投げつけた。イエスがどうして石打ちにしようとするのかと尋ねると、ユダヤ人は、イエスは神を冒瀆したと言った。それはイエスが自分自身を神だと述べたからだった（ヨハネの福音書10章33節）。

ユダヤ人の指導者のある者は、イエスの教えにとても腹を立てた。イエスはこれまで世に存在した誰とも異なっていた。イエスはメシアの地位を満たすことのできる唯一の存在である。イエスと同じことを宣言できる者は一人もいない。例えば、「わたしは、よみがえりです。いのちです。わたしを信じる者は、死んでも生きるのです」（ヨハネの福音書11章25節）。すっくと立って、そのようなことを宣言する者は、多くのユダヤ人にとって、気が遠くなるほど神を冒瀆する者だったにちがいない。

何人かのユダヤ人の指導者が暴徒を集めた。そしてイエスを捕らえ、十字架につける許可を得た。イエスは、預言されていたように、釘で十字架につけられた。両手と両足に釘を刺し通された。ダビデ王は詩篇22篇でこれについて書いている。それは邪悪な暴徒がイエスに押しつけた恥ずべき死だった。二人の盗人がイエスと一緒に十字架につけられた。ローマの兵士とユダヤ人はイエスをからかい、ひどく苦しめた。しかし神は、これらすべてが神の御子に起こるままにした。それは人々が救われるためであった。

人々はイエスを十字架から降ろした。そして三日の後、イエスは墓からよみがえり、ご自分に従ってきた者たちに現れた。彼らは墓の中でイエスを探したが、見つけることができなかった。イエスがよみがえられてから間もなく、弟子たちはある部屋にいた。窓はすべて閉められ、戸にはすべて錠が掛けられていた。イエスが部屋の中へ入ってきた。彼は超自然的存在だった。壁はイエスを止めることはできなかった。イエスは弟子たちに両手の穴を見せられた。それは十字架にかけられた時に釘によってできた穴だった。イエスは彼らに脇腹の穴を見せられた。それは十字架の上で、槍を刺し通された時にできた穴だった。イエスは自らが「よみがえりであり、いのちである」（ヨハネの福音書11章25節）ことを弟子たちに示すために、ご自分を彼らに示したのであった。イエスは、同時に五百人以上に自分自身を示された。ある時、イエスは弟子たちと話をしていた。話しながらイエスは彼らから離れ、空中に上った。そして雲の中へ消えてしまった。

独房で聖書を読んでいると、ジェイクは、小さいけれど活気のあったメソジスト教会に出席していた頃のことを思い出した。日曜学校で学んだことや牧師が語った説教を思い出した。独房でジェイクがどんな心境にあったかは知る由もないが、必要な時に聖霊がジェイクを訪れ、慰めを与えていたことは確かである。聖書は神のことばであり、イエスの復活は人間の歴史における転換点であったと、ジェイクは確信するようになった。ジェイクはこう記している。

イエスの復活は人間の歴史に起こった最も偉大な出来事である。これはわれわれにとって、他のどんなことよりも重要なことである。神が墓から人間をよみがえらせたのは、その時だけである。なぜ神はイエスを墓からよみがえらせるような特別なことをしたのだろう。なぜ神はすべての人間の中からイエスを選んだのだろう。言うまでもなく、キリストが神の御子だからだ。

預言によるあかしと、死からの復活というあかしによって、神はイエスが神であることを確実なものにした。この二つの事実は合致する。イエス・キリストがわれわれの救い主であることを、神はすべての人間に科学的に証明された。聖書を読む者は誰でもメシアを探し当てることができる。メシアは他のすべての者からはっきりと抜きん出ている。聖書は素晴らしい書物である。

イエスの復活の事実を疑う理由はない。復活の出来事を述べている人々は信頼できる記事を残した。嘘をつくような人々ではなかった。彼らは、嘘をつく者は永遠に地獄の火の罰を受けると信じていた。自分たちの魂が救われるかどうかは、真実を語るかどうかにかかっていたのだ。聖書には、嘘つきは地獄へ落とされると書いてあった。心にもなくイエスに対する信仰を告白して大衆に真っ赤な嘘をついていたとしたら、その者たちは大変な偽善者であっただろう。

彼らが書いたものを読み、どのように殉教したかを知ると、彼らが嘘つきでなかったことがわかる。そのような器量の持ち主は嘘をつくものではない。イエス・キリストは、すべてのことを知っていて、このように述べた。「この天地は滅び去ります。しかし、わたしのことばは決して滅びることがありません」（マタイの福音書24章35節）。聖書には信頼できる福音の記事が書かれていると、確信することができる。

一九四四年六月八日、何年か経ってワトソン博士に話したことであるが、ジェイクは独房の冷たい床の上で、聖書を開いて椅子に座っていた。ローマ人への手紙を読み始めた。椅子の上で背を丸めて読み進め、ローマ人への手紙10章9節のところへ来た。彼は読んだ。「なぜなら、もしあなたの口でイエスを主と告白し、あなたの心で神はイエスを死者の中からよみがえらせてくださったと信じるなら、あなたは救われるからです。」ジェイクはこの言葉をそれまで何度となく読んでいた。しかし今、その言葉はこれまでにない重要性と意味を帯びていた。彼は祈らざるをえなかった。祈りの中で、こう言った。「主よ、あなたはすべてをご存じです。私は自分の罪を悔いています。私は家から遠く離れ、囚われていますが、神の赦しが必要です。」ジェイクは後になって、教会の会衆を前にして、この時がイエス・キリストを受け入れた瞬間だった、と語った。何年も経ってその時のことを思い出して、ジェイクはこう言った。私はこれまで、人間を自分の人生のボスとしてきた。ドーリットル空襲隊では、ドーリットル大佐が自分のボスだった。しかしクリスチャンとなって、イエスが自分の人生のボスになったと信じている、と。ジェイクは、その日の回心の経験を思い出し、こう語った。

私の心は喜びで満たされた。その時、誰かと代わりたいなんて思いもしなかった。なんという喜びだろう、救われたと知ることとは。なんという喜びだろう、神が私の罪を赦してくださり、自分が「神のご性質にあずかる者」（ペテロの手紙第二1章4節）になったと知ることとは。私は無価値で罪深い者であったが、「この方にあって私たちは、その血による贖い、罪の赦し」（エペソ人への手紙1章7節）を得たのだ。

空腹も飢餓も凍てつくように寒い独房も、もはや私にとって恐怖ではなかった。それらは通過する一瞬にすぎないのだ。神が自分を救ってくださった時、死さえ恐れるものではなくなった。死は、永遠のいのちの喜びを享受する前に一度だけ通過する試みにすぎない。天国には痛みも苦しみも悲しみも孤独もない。何もかもが完全で、永遠に喜びがある。私は神の御子イエスのようになる約束をいただいた。かの日には、私はすべてのことを知るだろう。なぜなら、その時、私は永遠を共有する者となるのだから。

救い主としてキリストを受け入れてクリスチャンになったけれども、ジェイクの周りの状況は変わらなかった。あいかわらず戦争捕虜で、ひどい条件の下で生活していた。ただ一つ異なる点は、キリストがこうせよと言われたように精いっぱい生きていこうと心を決めたことだった。ジェイクは、自分を拘束している者たちに対してどんなに憎しみに満ちていたかを思い出した。

回心するちょうど一日前、ジェイクは日本人の看守と一騒動起こした。ジェイクは自分の独房を掃除するように命令され、看守はジェイクの進捗状況を見るために立ち寄った。ジェイクは栄養不良のため弱っており、一息つくためにその雑事の手をちょっと休めていた。看守はこれが気に入らず、ジェイクに「急げ」と叫んだ。これを聞いたジェイクは腹を立て、急に立ち上がり、看守に英語で「うるさい。あっち行け」と言った。看守は侮辱されたと感じて、すぐに捕虜に対抗した。ジェイクの記憶によると、「何か起こるなと思う間もなく、戸の錠が開いた。看守はげんこつで私の頭をたたいた。私はすぐに、看守の腹を素足で蹴った。すると看守は鉄製の鞘で私を打った。私はモップで床を拭き取るために水を使っていた。私はその汚いモップの水を取り、看守にぶちまけた。それで頭が冷えたのか、看守はそれ以上打つことをやめた。ただ罵るだけだった。しかし、看守が私の首をはねなかったのは不思議である。これは、友達をつくるために教えられた方法ではなかった。

ジェイクは、クリスチャンに回心する前にこの出来事が起こったことを強調した。回心した後、ジェイクは自分を拘束している者に対する憎しみを愛で置き換えなければならないと思った。自分の敵を愛するというイエスの例に従いたかった。運命の定めか、数日後、新たに見つけた信仰が試される機会が来た。

ある日、自分の信仰を明らかにする機会が訪れた。短時間の運動の後、ジェイクは一人の看守によって自分の独房に連れ戻されるところだった。看守はジェイクを押し始めた。看守はジェイクの背中を手でたたきながら、「早く、早く」と叫んだ。ジェイクの独房の前に来ると、看守は戸を少し開けて、彼を突き飛ばした。そして彼の体がすっかり中に入ってしまう前に、戸をピシャリと閉めた。彼の足がはさまった。ジェイクの素足が戸に挟まったまま、看守は鋲のついた靴でジェイクの足を蹴飛ばした。ジェイクは戸を押して自分の足を自由にし、脇へ飛び退いた。足の痛みはひどかった。彼は骨が何本か折れたと思った。

ひどい痛みで椅子に座った時、どうも神が自分を試みているように感じた。彼は看守に怒りと敵意を覚え、こう思った。「きっと神は、この世で本当に卑劣な者を愛することをわれわれに期待してはいない。」しかしその時、マタイの福音書5章44節のイエスのことばを思い出した。イエスは言われた。「しかし、わたしはあなたがたに言います。自分の敵を愛し、迫害する者のために祈りなさい。」ジェイクはまたコリント人への手紙第一13章4～8節を思い出した。愛の章と言われる箇所で、こう述べている。「愛は寛容であり、愛は親切です。また人をねたみません。愛は自慢せず、高慢になりません。礼儀に反することをせず、自分の利益を求めず、怒らず、人のした悪を思わず、不正を喜ばずに真理を喜びます。すべてをがまんし、すべてを信じ、すべてを期待し、すべてを耐え忍びます。愛は決して絶えることがありません。」

その事件のおかげでジェイクは、クリスチャンが敵を愛するように求められた時、それが何を意味するのかを理解することができた。その時ジェイクは、心にあるすべての憎しみを愛で置き換えようと決心した。そして、この新たな試みを看守に試したかった。翌日、同じ看守がジェイクの独房に来た時、こう言ってみた。「オハヨウゴザイマス。」ジェイクは呪ったり、憎んだりせずに、むしろ愛することを選んだ。看守は当惑したように見えた。そして看守は、ジェイクが長い間、独房で過ごしていたためだと思ったのに違いない。しかしその看守に好意的に対応しようと何日か試みたところ、ついに看守はジェイクに微笑し、話し始めた――可能な限り、ジェイクの貧しい日本語の能力の範囲で。看守はジェイクに対する態度を変えた。その時以来、看守はジェイクに怒鳴ったり、荒っぽく扱うことをしなくなった。ある時、看守はジェイクの独房に、蒸かしたサツマイモをそっと差し入れた。素晴らしいごちそうだった。自分の内部に起こった大きな変革と、自分の独房で起こった事柄を理解しようとして、ジェイクはワトソン博士にこう語った。

敵を友達に変えることはなんと簡単なことだろう。自分で試した方法なのでまちがいなかった。神の方法は、われわれが試しさえすればうまくいく。イエスは実現不可能なことを言う理想主義者ではなかった。イエスが互いに愛し合いなさいと言った時、彼は最善の行動方法を語ったのであって、それはうまくいく。イエスの方法は、これまで試みられた他のどんな方法よりもうまくいく。しかし国々や人々は、いまだにそれ以外の方法を試み、自ら混乱を招いている。

私の性質が変わったと言える。私はこれまでと異なる態度で人生に向かうようになった。すべては聖書の約束どおりになった。人が聖書の約束に目をとめ、それが真実であると知る時、もし神の意思に従ってイエスを受け入れるなら、われわれの性質は変えられる。私は聖書の約束の条件にかなった。そして神がご自分の役割を果たされることを知った。神はわれわれの心の中に来られ、住まわれると約束された。ヨハネの手紙第一4章15節はこう述べている。「だれでも、イエスを神の御子と告白するなら、神はその人のうちにおられ、その人も神のうちにいます。」私は、イエスは神の御子であると告白し、そして神は私の心に住まわれた。

私のいのちに新しい力が宿った。私は自制心と意志の力が弱かった。しかし今は、自分の敵さえ愛することができる力を得た。それはすべて天から来た。それは超自然的であることを知った。イエスは天に上られ、今は神のかたちで天におられる。人がイエスに服従し、イエスは神の御子であると告白する時、イエスの霊は人の心の中に来られる。人は神と親しくなり、神はわれわれを愛し、喜ばれる。ヨハネの福音書1章12節で聖書はこう述べている。「しかし、この方を受け入れた人々、すなわち、その名を信じた人々には、神の子どもとされる特権をお与えになった。」人が定められた条件にかなった後、力を与えられるのは神である。人の心に住まわれるイエスの霊により、人は仲間を愛することができる。世界はイエスを必要としている。人は神の御子を認めなければならない。イエス・キリスト抜きでは、憎しみや悲惨な戦争が起こる。

人は戦争が苦難と心痛をもたらすことを知っている。人は戦争を憎むが、戦いを続けている。個人についても、同じ問題がある。人は何をするのが正しいか知っているが、それを先へ進め、正しいと思うことを行う自制心と意志の力を欠いている。私は爆撃をして日本を離れる飛行機の上でそのことに気がついた。その時よりずっと以前に、私は民間人を撃たないようにしようと心に決めた。しかしそれにもかかわらず、私は民間人を撃った。他人の体に害を与えるそのような行為は悪い。他人に腹をたてる、また他人を怒らせるようなことは悪い。私は、自分で悪いと思っているこのようなことをしないで生きていきたいと、しょっちゅう思っていた。しかし、自分の罪の性質のために、人生においていつも敗北するのだった。

　イエスに出会い、イエスが敗北の人生に打ち勝つ力を与えられることを知って、とても嬉しかった。ここにクリスチャンと、クリスチャンでない人の差がある。クリスチャンは、「すべての悪からきよめられる」（ヨハネの手紙第一1章9節参照）。クリスチャンは勝利の人生を生きる。イエスが下さる力によって、悪いと知っていることを行わないようになる。これらの点で弱い人々に、イエスは自制心と意志の力を与えられる。このような勝利の人生を送ることが、イエスを知っているというあかしになるのだ。

第7章　収容所における忍耐

それればかりではなく、患難さえも喜んでいます。それは、患難が忍耐を生み出し、……

——ローマ人への手紙　5章3節

ジェイクが独房で霊的に満たされる経験をした時、ジェイクと仲間たちが捕らえられてからすでに二十六か月経っていた。ドーリットル空襲隊の捕虜たちは体調が悪かった。南京の夏の暑さのため、気持ちが滅入っていた。一九四四年の夏は特に暑かった。窮屈な木造の独房は耐えられない暑さだった。独房の戸は丈夫な木でできていて、外の空気をとり入れる開口部のない構造だった。正午から午後三時くらいまで、独房はすごく暑くなった。男たちは息ができないほどだった。

この南京の熱波の時に、ハイト大尉は具合が悪くなり、高熱を出した。日本人の看守たちはハイトのことを心配した。というのは、ミーダー大尉が死んだ時のような懲罰を受けたくないと思ったからだった。彼らは木の戸の代わりに網戸を付け、空気が循環するようにした。しかしハイトは依然として具合が悪かった。看守たちは心配して、ハイトを診察し健康体に戻すために医者を呼んだ。看守たちが塩水で冷やした手ぬぐいや氷をハイトの頭に乗せるようすが、しばしば聞こえたことをジェイクは思い出す。医者は実際、ハイトの状態を詳しく調べることができるように独房内に入った。若い医者が注意深く観察したことと、夏の終わりになって気温が下がったことによって、ハイトは治り始めた。

一九四四年の夏は、大変な昼間の時間と耐え難い暑い夜が続いたが、ジェイクは様々なことを考えた。後にワトソン博士に話したように、ジェイクは数か月にわたる長丁場を生きてきた。恐怖と落胆の日々から新しい喜びの日々に至るまでの数か月だった。この新しい喜びは、神の赦しと愛を受けた者に伴うものだった。聖書を読み終えた時から数か月経ったが、お気に入りの一節がしばしば心に浮かんだ。ジェイクにとって最も大切な聖句は、ヨハネの手紙第一だった。実際、ジェイクは1章から5章まで全部を記憶し、たびたびそれらについて思いめぐらすのだった。ジェイクは、ヨハネの手紙第一が好きだった。それは罪と赦しについてはっきりと語っているからだった。ヨハネの手紙第一2章1~3節はこう述べている。「私の子どもたち。私がこれらのことを書き送るのは、あなたがたが罪を犯さないようになるためです。もしだれかが罪を犯すことがあれば、私たちには、御父の前で弁護する方がいます。義なるイエス・キリストです。この方こそ、私たちの罪のための――私たちの罪だけでなく、世全体のための――なだめの供え物です。」

回心によってジェイクは、キリストが自分の罪のためのなだめの供え物であることを受け入れた。ジェイクは別人になったように感じた。神が従順を要求することもわかった。ヨハネの手紙第一2章5節、6節はこう述べている。「しかし、みことばを守っている者なら、その人のうちには、確かに神の愛が全うされているのです。それによって、私たちが神のうちにいることがわかります。神のうちにとどまっていると言う者は、自分でもキリストが歩まれたように歩まなければなりません。」ジェイクはこの一節は教訓的だと理解し、こう思った。「これは、クリスチャンか否かを判断する良い方法だ。神の命令を守る者はクリスチャンだ。私は、イエスの血が自分のすべての罪を贖うことを信じている。私は、イエスがこの私のために死なれたことを理解している。そして自分にこう問いかける。私は正しいと思うことを力の限りしているか、それとも、悪いと思っていることを故意にしているか。もし私が意図して不従順ではなく、正しいと思うことをしているなら、私は神が与えられる光に従って生きている。私は神の命令を守っている。そして聖書は、もし神の命令を守るなら神を知っている、と述べている。」

秋になり、さらにしのぎやすい気温になった。夏の暑さは男たちの体力を奪ったが、さわやかな秋の風によって、男たちの気持ちが少し上向きになるように思えた。独房はかなり涼しくなり、一人で時を過ごすことが耐えられるようになった。数週間経って、冬が嬉々としてやって来た。十二月に大雪があった。後でわかったことだが、収容所の男たちにとっては、最も寒い冬となった。夏に着ていたボロボロの服では体温を維持するのには不十分だった。看守はもっと厚手の服を男たちに持ってきた。さらにかつての制服さえ着るようにと返してくれた。

男たちはできるだけ重ね着をした。この収容所の良いところはシラミがいないことだった。他の収容所ではシラミが独房や衣服にはびこっていた。シラミは絶えず皮膚の上を這いまわるので、睡眠をとることが非常に困難だった。男たちはシラミ狩りのゲームを考案した。衣服にいるシラミを捕まえ、指の爪と爪の間でつぶすというものだった。彼らは煩わしいシラミを決して逃さなかった。

ある時、男たちは運動のために外へ連れ出され、この間に独房は掃除された。男たちは運動している間、靴（日本のスリッパ）を脱がないように言われていた。しかし言われた通りにするのはとても難しかった。というのは、それをはいているとすぐに転ぶし、体を温めるためには早く動く必要があったからである。そのため命令を無視して靴を脱ぎ、寒さで凍った土と雪の上を裸足で走り始めた。看守たちは男たちが裸足でいるところを見つけると、中に入るように命令した。男たちは水道栓で足を洗えると思った。しかし看守たちは彼らに外の雪で洗うように言った。

バール大尉は、これは受け入れられないと思った。雪で足を洗うということはありえないと思った。そんなことをすれば足が麻痺してしまう。バールは反抗的な態度で、看守の前を通り過ぎようとした。看守はバールの襟首をつかんで向きを変えようとした。一八五センチメートルの大男バールは、これに逆らった。看守がバールを突いたので、バールは肘を曲げて看守の腹に一撃を食わした。

恥をかいた看守はよろよろと後ろに下がり、バールに向かって金切り声で叫んだ。ジェイクと仲間たちは急いで中に入ったが、バールは外でおよそ十人の看守と対決していた。看守たちはバールを殴り始めた。バールは肉体的にタフな男で、看守たちの攻撃をかわそうと最善を尽くし、数発、肘で打ったり足で蹴ったり反撃した。看守たちはバールを抑えるのに手こずったが、ついにバールを屋内に入れ、独房に押し込んだ。バールの傲慢な行為を罰するために看守たちは彼を拘束衣の中に入れ、腕を背中で縛った。そして体の周りをロープできつく縛ったのでバールの肩が壊れそうになった。ロープはバールの胸を締め付けた。あまりに強く締めたので、バールはほとんど息ができないほどだった。バールが大声で悲鳴をあげたので、他の男たちは、バールは殺されると思った。

バールの悲鳴は捕虜たちだけでなく、日本人の看守たちにも強い衝撃を与えた。看守の一人三坂は、ジェイクが心の優しい親切な看守と述べた人物で、バールを解放するように仲間の看守たちを説得した。この拷問が一時間続いた後、他の看守たちは三坂の求めに応じた。看守たちはバールに言った。おまえは幸運だと思わなければならない。われわれは、懲らしめるために四時間から六時間、このやり方で自国の男たちを拷問したことがあるのだ、と。

この事件によって男たちは落胆し、絶望的になった。これから先、自分たちはどんな虐待をさらに受けることになるのだろうか、と思案した。彼らの思いは必然的に戦争へと向いた。アメリカはどうなっているのだろう。看守たちは、日本の陸海軍はアメリカを追い詰めていると言い続けた。看守たちの話はいつも誇張しすぎているように聞こえたが、男たちは疑いを持ち始めた。一九四四年十二月二十五日、疑いは解消した。ジェイクと仲間たちはアメリカの爆撃機の音を聞き、その機体を見たのだった。男たちを拘束している者たちにとっては、最も歓迎せざるニュースであったが、捕虜たちは興奮した。アメリカの爆撃機が南京に飛来したということなのだ。なんという状勢の変化だろう。爆撃機が近づくと、日本人が撃ち返す音が聞こえた。まもなく、爆弾が破裂する音が聞こえ、離れたところに大きな煙の雲がたちのぼるのが見えた。

男たちは爆撃機が中国の領土に深く入っていることを知り、満足感を覚えた。何か月もの間、看守たちはひたすら、アメリカは敗北に敗北を重ねていると言って捕虜たちをあざ笑ってきた。日本はサンフランシスコ、ニューヨークを取り、首都ワシントンを破壊したといった話をしていた。爆撃機を見て日本人たちは驚いているように思えた。彼らは日本政府が流す宣伝情報を頭から信じていた。看守たちは、アメリカ軍は川に数発の爆弾を落とし魚が少し死んだ、とアメリカ人たちに話をして、つじつまを合わせようとした。

爆撃機が近くに来たことを知って満足だったが、捕虜たちの現実は変わらなかった。冬はとても寒いし、男たちの体調は悪く風邪に苦しんだ。そのうえ、ジェイクに大きな腫れ物が吹き出た。数えると、体中に七十五個の腫れ物があった。そしてある時、ジェイクの意識がもうろうとしたので軍医が呼ばれた。軍医はジェイクにビタミン注射をした。看守たちはジェイクの健康を回復させようと、食事を改善した。

一九四五年六月の中頃、男たちは最後の旅をした。独房から連れ出され、手錠をされ、頭巾をかぶらされ、北行きの列車に乗せられた。捕虜一人に看守一人が付いた。捕虜たちは手と足をベルトで縛られ、緑色のレインコートを着せられた。頭にはマスクの付いた帽子をかぶせられた。マスクで捕虜たちの顔を隠した。列車は混んでいた。乗客の大部分は兵士だったが、一般市民も少しいた。女たちは通路の床の上か、荷物の上に座っていた。座席に座っているのは日本人の男だけだった。

乗客はマスクをしている捕虜たちを見て驚いたが、誰も何も尋ねなかった。ジェイクはある出来事をおかしそうに思い出す。「一人の日本人の母親が二人の子どもを、マスクで覆われたわれわれの顔の近くに連れてきた。子どもたちが驚いた顔でわれわれを見ている間に、母親はそっと立ち去った。単なる遊びであった。子どもたちはわれわれの異様なマスクを見て、びっくりして叫んだ。これを見て乗客はみな笑った。そしてくだんの母親は、子どもたちを安心させるために笑いながら戻って来た。」

このような状況にあっても、自分が神の存在に心を向けていることに、ジェイクは気がついた。「列車に乗っている間、私は聖書のことばを思い出していた。列車に乗っているこれらの人々がイエスを知らないとして、神は彼らをどのようになさるのだろうか。これらの人々はたぶん、イエスのことを聞いたことがないだろう。私は聖書を読む特権を与えてくださった神の恵みに感謝した。クリスチャン家庭に育ったこと、神が聞いてくださった両親の祈りが嬉しかった。この列車に乗っている人々が救いについて知るなんらかの方法があるようにと祈った。救いは、すべての人のために神が与えられるものだ。もしイエスが私の心に住んでおられるように彼らの心に住んだなら、彼らはどんなに大きな喜びを知るだろうか。」

三日の長旅の後、看守たちは北京に着いたと言った。列車から降ろされ、男たちは日陰の待合所に連れて行かれた。暑かったからである。日本人兵士たちが動き回っている時、彼らが中国人を軽蔑していることが明らかにわかった。例えばこんなことがあった。一人の中国人の老婆が、運んでいたたくさんの袋をなんとかしようと、四苦八苦していた。そこへ日本人兵士の一団が近づいてきた。日本人はその中国人の老婆がすぐに脇へどくと思っていた。しかし袋が重いのと、きゃしゃな体のため、迅速に動けなかった。そのため老婆は脇へどくことができなかった。兵士たちは声を荒げ老婆に近づいた。そして荷物を持った老婆を助けようとする代わりに、兵士は老婆をつかみ、顔を二度平手打ちした。老婆は急いで袋を集め脇へどいた。この兵士のやり方を見ていて、ジェイクは思った。「彼ら（日本人）に愛の道が示されるようにとの願いが起こった。」

それから捕虜たちはトラックで北京の軍の収容所へ連れて行かれた。そこには千人以上の日本人の囚人が収容されていた。収容所の環境はそんなに良くはなかった。アメリカ人の捕虜たちは、監獄の一室に五、六人の日本人の囚人が一緒に入れられているのを見た。囚人たちは姿勢を変えずに二時間、正座させられた後、壁に背中を休めることなく直立させられていた。

日本人の看守は、日本がいかに礼儀と生活水準において世界の先進国かということを自慢した。中国を実際に見た後、ジェイクはなぜ日本人が中国人より良い生活をしていると感じているか理解できた。偏った見方にならないように、アメリカ人たちは看守たちにアメリカの生活がどのようなものかを話した。「われわれは食べ物や自動車について看守たちに話した。しかし彼らにはおとぎ話のように思われた。彼らは、アメリカはならず者が幅をきかし、酔っ払いがたくさんいるところだと思っていた。日本軍の兵士たちは上官に殴られることに慣れていた。われわれが、アメリカの軍隊ではそのように殴ることはないと言うと、彼らはありえないと言った。というのは、それでは規律を維持できないと彼らは思っていたからだった。」

この収容所には大きな欠点が一つあった。それは中庭がないことだった。南京にいた時は、男たちは中庭を好きになった。互いに見合ったり言葉を交わしたりできたからだ。そのおかげで将来に希望を持つことができた。しかし今は、アメリカ人たちは互いに隔離されている。一人ひとり独房に入れられた。看守たちは、運動のためにもはや外へ出ることはないことを暗にわからせた。彼らが互いに会うことができる機会は、週一回、一緒に入浴する時だけだった。

第8章　死の苦い味

たとい、死の陰の谷を歩くことがあっても、私はわざわいを恐れません。あなたが私とともにおられますから。あなたのむちとあなたの杖、それが私の慰めです。

——詩篇 23編4節

北京では、捕虜たちはただちに独房に入れられた。最初、彼らは他の囚人と同様、床に座らされた。床は硬く、彼らはやせ細っていたため、床に短時間座っただけで骨がとても痛んだ。耐えられない痛みだったので、看守はある緩和策を用意することにした。

ジェイクは看守が与えた緩和策を憶えている。背もたれも肘かけもない、小さな木製の椅子のようなものだった。上の部分は五センチ×一〇センチの大きさで、長さが約二〇センチだった。一日中、男たちはこの座り心地の悪い家具の上に座らせられた。床に座るよりましだったが、男たちには苦痛だった。看守たちの指示に従って、その椅子を壁から九〇センチ離さなければならなかった。そして後ろの壁に向かって座った。実際、日本人は、自国の兵士が受けている厳しい扱いをアメリカ人に見られたくなかったのだ。

すでに衰弱していたジェイクの健康は、北京到着後わずか一か月でさらに悪化した。ジェイクは赤痢にかかり、腫れ物が体中にできた。椅子に座ることができなかったので、彼はゴザの上で毎日を過ごした。このような苦しい状態が三か月続いた後、意識が混濁状態に陥った。ジェイクは自分の状態をこのように書いている。「私はそれでも、記憶した聖書の言葉を思い浮かべ続けた。私は、天に召されミーダー大尉と会うのはそんなに先のことではないと思った。心臓が痛かった。ミーダー大尉が死ぬ前に、どんなに心臓が痛いと言っていたかを思い出した。南京の看守は、ミーダーの死因は心臓停止だと言っていた。たぶん同じ原因で自分も死ぬのだと思った。」

数日間、このような状態が続いていた。ある日、マタイの福音書一七章二〇節の言葉が心に浮かんだ。「もし、からし種ほどの信仰があったら、この山に、『ここからあそこに移れ』と言えば移るのです。どんなことでも、あなたがたにできないことはありません。」

ジェイクは、からし種とはなんと小さなものかと思った。そして自分自身に言い聞かせた。「確かに私にはそれぐらいの信仰はある。きっと神は私を治してくださる。」

その日以後、聖霊が自分を訪れているという感じがあった、とジェイクは語っている。ジェイクは、自分の思いに入り込んでくる声について、後にこう述べている。「私は、人間の思いはどこから来るのかと、たびたび思い巡らした。独房に座っていながら、自分の思いの動きを意識していたものだった。通常は、自分の思いは自分が制御している。しかし今は違う。依然として自分が制御しているのではあるが、自分は別の力によってとらえられているとわかった。自分の心に浮かんでくる思いが自分自身から来るのではないことは確かだった。このような事はこれまでなかった。自分は今、神と素晴らしい交わりを経験しているのだと理解するのは困難だった。『あなたに語りかけているのは聖霊です。』不思議な声が言った、『聖霊はあなたを自由にする。』すぐに私は、自分は収容所から出ることになるのだろうかと思案し始めた。その声は言った。『あなたは自分のしたいと思うようにできる。壁を通り抜けることも、塀を飛び越えることもできる。あなたは自由だ。』私はこの意味を理解することができなかったが、塀を飛び越えようと企てはしなかった。自分が自由であるということはわかったが、私は神が喜ばれることをしたいだけだった。『聖霊は、あなたを罪から自由にした』と私は告げられた。」

ジェイクは、自分の衰弱した体を癒やしてくれるように神に求め始めた。彼はまた、問いかけに返事があるという経験をした。例えば、ジェイクは看守が与える食べ物を食べ続けたほうがいいのかどうかを思案した。彼は神に祈り、導きを求めた。ジェイクはこう語っている。「こうすることによって、食べ物についてはとても助かった。私はいつも空腹だったが、食べると具合が悪くなることがあった。食べ物が戸口に置かれた時、私は食べるべきか返上すべきかを祈った。もし「だいじょうぶ、だいじょうぶ」という声があった時は食べた。しかし「だめ、だめ」という返事の時は返上した。

ジェイクは依然として具合が悪かったので、何か方法を講じようと決心した。ただゴザに横たわっていないで、ひざまずいて健康の回復を祈ろうと決心した。のちにジェイクはワトソン博士にこう語っている。

私は戸口の前にひざまずいて手を組み、心を込めて祈った。看守が通りかかり、刀で戸をたたいた。そして椅子に戻るように私に怒鳴った。囚人が戸口のほうを見るというのは規則違反だったのだ。そんなことをすれば、日本人の囚人なら殴られる。しかし私は、看守が怒鳴っても動かなかった。神がどうすればよいか示してくださるので、恐怖はなかった。私は大きな喜びが迫るのを感じた。

瞬く間に、その看守は何人かの看守を連れて戻って来た。戸が開けられ、看守たちは独房の中に入った。彼らは私を殴らなかったし、怒鳴らなかった。少し畏れを覚えたように振舞った。医者が独房に来た。私は抱え上げられ、ゴザの上に寝かされた。医者は私のシャツの袖をまくりあげ、何かを注射した。その後、独房に私だけが残された。私は自分のそば近くにおられたイエスに感謝した。

食事の時間になった。素敵な半リットルの牛乳、ゆで卵、よく出来上がったパン、そして栄養のあるスープを受け取り、びっくりした。神が自分のために、どんなに鮮やかにそして素敵にこのことをなさったかを思い、声を出して笑わずにはいられなかった。この時から、収容所から解放される時まで、私は牛乳、卵、パン、そして栄養のある食べ物を受けた。私は寝て過ごした。それは、こうするのが最善だと神が指示されたと思ったからだ。

回心の経験はさておき、この経験はジェイクにとって忘れられないものだった。ジェイクは、収容所の中で神が共にいてくださることを知った。確かに、この独房にいる間、自分に手を差し伸べてくださったのは神なのだ。今や、神はジェイクの中に新しい霊的な命を吹き込まれた。ジェイクはそのようなものが存在しているとは知らなかった。ジェイクが健康を維持できたのはこの霊的な生まれ変わりのためだった。実際、ジェイクには恐れがなかった。神が共におられるのだから。

一九四五年八月十日、ジェイクは別の経験をした。目が覚めると、祈るようにとの迫りを覚えた。神の聖霊がジェイクにひざまずくように招いたのだ。


私は、「何について祈るのでしょうか」と尋ねた。「平和のために祈れ。中断することなく祈れ」と言われた。私は平和について祈った。これまでほとんどなかったことであるが、無駄のように思えた。私は思った。神はご自身の力でいつでも戦争を止めることができる。そしてその力は明らかだ、と。

しかし神は今、私に協調ということを教えようとされていた。私が進んで、自分自身を神に用いていただくようにすることが、神に喜ばれることなのだ。神は、この地上でご自分の意思を成し遂げるために人間の器を用いられる。もし人が神と協調することができるなら、人にとってこれに勝る喜びはない。今、世界で何が起こっているかほとんど知らないけれど、私は平和のために祈り始めた。

私は朝七時頃に祈り始めた。平和というテーマで祈ることは、とても容易に思えた。私は、神が日本の指導者の心に平和を求める強い願いを起こさせるようにと祈った。そしてそれに伴う平和な日々のことを思った。日本の人々はきっと落胆していることだろう。私は彼らに同情の念を抱いた。勝利を得た軍隊によって日本人が迫害されることを神がお許しにならないようにと、私は祈った。

午後二時に、聖霊が私に語られた。「あなたはもう祈る必要はない。勝利が勝ち取られた。」私は驚いた。世界のニュースを知る普通の方法に比べて、早くて優れた方法だと思った。たぶん、この知らせはラジオでアメリカへまだ伝えられていないはずだ。私はじっと待って、何が起こるか見ようと思った。

ジェイクにはラジオはないが、神による啓示を経験した。ジェイクは神が自分に語られたことの意味がその時はわからなかった。後になって、この経験をしたのは一九四五年八月六日に最初の原子爆弾が広島の上空で爆発し、九日には長崎に原子爆弾が落とされ、終戦に向かう、そのタイミングであったことがわかった。ディシェイザーは、神が自分を教育しておられたのだと確信した。ジェイクはこの経験から単純な教訓を得た。すなわち、神は人間に祈ることを望んでおられ、祈りを聞かれ、祈りに答えられるということだ。

その経験の後、収容所で過ごすジェイクの心には大きな変化があった。神の愛が魂のうちに溢れていることを感じた。昼も夜も天にも昇るような喜びを経験した。まるで天国を先取りしているかのようだった。ゴザに横になりながら、ジェイクは、身体はまだ弱っているが霊的には元気を回復したと感じた。ゴザの上で、ジェイクは神にこう約束した。「私は自分が奪ってしまったものを補償する、と神に約束した。私はアメリカ合衆国へ帰ることができると確信した。私は神が正しいことだと自分に示される限りは償いをするつもりだ。誰かに対して恨みや憎しみを抱かないということは素晴らしい感情だ。私は日本の人々に愛を感じ、彼らの幸福に深い関心を覚えた。私は、人間はみな同じ神によって造られ、困難も幸せもともに分かち合わなければならないと思った。日本の人々にイエスについて語れるようになれば、なんと素晴らしいことか。」

戦争が終わった後、日本にどんなことが起こるのだろうかと、ジェイクは思い巡らした。彼らが勝利するという希望は砕かれた。日本の人々を気の毒に思わざるをえなかった。日本人はキリスト教の教えを受け入れやすいのかどうか思案した。もし日本人がイエスについて知ったなら、軍事的に敗北したという彼らの思いは偉大な勝利の思いに変わるにちがいないとジェイクは思った。この時、ジェイクは召命を受けた。聖霊がこう語りかけた。「あなたは、行って日本の人々を教えるように召された。そして私が遣わすところはどこでも行くようにと。」

そのような仕事を理解することは、ジェイクには困難だった。自分を捕虜として捕らえた国へ行って伝道するとは、本当に、自分のキリスト教信仰が試されることだ。このためにはつらい仕事と準備が必要になると、ジェイクは思った。そして自分に足りないものを考え始めた。自分は話すことが上手でない、大学にも行っていない、キリスト教神学や聖書の学びの訓練も受けていない、と。足りないことはたくさんあったが、主の祈りの一節、「御心がなりますようにを思い出した。そして、神の意思を行うと約束したことを自覚した。ジェイクは、少なくともどこかの教会の管理人にはなれるだろうと思った。しかし神の声はジェイクをこう後押しするのだった。「あなたが働くに値するすべてのことのために、行って働きなさい。あなたには他の人と同じだけの機会がある。」ジェイクは、もし自分にからし種ほどの信仰があるなら、この崇高な努力は成功する、と思った。

第9章　自由の甘い味

私の口から、真理のみことばを取り去ってしまわないでください。私は、あなたのさばきを待ち望んでいますから。こうして私は、あなたのみおしえをいつも、とこしえまでも、守りましょう。そうして私は広やかに歩いて行くでしょう。それは私が、あなたの戒めを求めているからです。

——詩篇119編43節

一九四五年八月二十日、ジェイク・ディシェイザーと三人の男たちに自由が来た——ジェイクが平和のために熱烈に祈ってから、わずか十日のことだった。収容所と独房監禁の暮らしの四十か月が終わった。日本の士官は、「戦争は終わった。おまえたちは帰国できる」と告げた。男たちは有頂天になった。独房から出て互いに喜び合った。

すぐに、一人行方不明であることに気がついた。バール大尉だ。最初、男たちは、バール大尉は収容所の中で死んだと思った。数分後、バール大尉は二人の日本人の看守によって独房から助け出された。バール大尉はとても具合が悪かったのだった。バールは衰弱しているように見えた。彼のひどくうつろな目は、収容所でアメリカの捕虜が経験した多くのことを物語っていた。

日本人の看守は、アメリカ人に散髪することを申し出た。男たちは断った。というのは、捕虜の髪型でアメリカへ帰りたくなかったからだった。三年を経た男たちの軍服が、持ち主に返却された。それから男たちはトラックに乗せられ、大きなイギリス人のホテルへ連れて行かれた。ジェイクはその時のことを思い出す。「みんながわれわれを見に来た。ある人はわれわれにニュースを伝えようとした。とても多くのことがとても早く起こったので、ついていけないように思えた。誰かが話をした後、何を言ったのか思い出せなかった。私の思考は正常に働いていなかったのだ。」

収容所暮らしの終わりの頃はまともな食事をしていたが、そのホテルの食事は別格だった。アイリッシュ・シチューを好きなだけ食べた。医師は男たちにビタミン注射を受けるように指示した。人々からは、戦争が終わったことや、原爆投下のことや、アメリカの落下傘部隊が彼らを救出するために降下したことを聞かされた。落下傘救出隊はアメリカ人がいる北京まではるばる旅をしてきた。そしてアメリカ人がどこにいるかを問い詰めた——日本人は、アメリカ人は全員処刑されたと答えた。しかし救出隊は、これが本当のことではないと判断し、日本人に圧力をかけた。日本人はついに救出隊に協力し、四人のドーリットル空襲隊の飛行士を解放した。

しかし、救出隊はどうして男たちがまだ生きているとわかったのだろうか。話はさかのぼる。南京の収容所には戦争の初期、十人のアメリカ海兵隊員が捕虜となっていた。その収容所では、スープはアルミニウムのカップに入れて運ばれていた。ある日、ニールセン大尉は、一つのカップの底に数字を書いている時に、そのカップに「アメリカ海兵隊」(U.S. Marines)という字が書かれているのに気がついた。ニールセン大尉は仲間にそのことを話した。そして中庭にいる時に釘を二、三本拾い、監房の壁を使ってそれらを尖らせた。そしてカップの底に字を書き、海兵隊員と通信を始めた。この行為は二か月以上もの間、見つからなかった。この間に、ドーリットル空襲隊の四名の飛行士が収容所にいることが海兵隊員に伝わったのだ。

収容された十人の海兵隊員は、戦争開始時に捕らえられていた。強制収容所で数か月経った後、十人の男たちは脱獄計画をひそかに立てた。十人で脱出を試みたが、三人だけが成功した。不運な七人はドーリットル隊の男たちの近くに収監され、厳しい懲罰を受けた。戦争が終

解放時はやせこけていた

わり、七人は釈放された。そしてアメリカの救出部隊に、四人のドーリットル空襲隊の飛行士がまだ収容所にいることを知らせた。この情報を根拠に、救出隊は日本人に圧力をかけ、ついに四人の男たちを解放したのだった。

　釈放されたが、男たちにはまだ環境に同化するための時間が必要だった。食べ物を与えられると、万一空腹になった時のためにと、残しておくのだった。ジェイクはこう回想する。「われわれは食べられないほどの量を取り、次の食事の時までに空腹になった場合に備えて、取っておいた。こうするのが当然と思えた。そのうちに、あなたたちは飢饉に備えているのか、と笑われた。自分たちは自由の身で、もう飢餓に苦しむ必要はないと実感するのが困難に思えた。」

　食べ物に関係するちょっとした出来事が、釈放後二日目に起きた。何か助けになることをしたいという一人のアメリカ人の女性が男たちを訪ねてきた。その女性は戦前から北京にフランス人のビジネスマンの夫と住んでいた。「女性はわれわれに、何がほしいかと尋ねた。仲間たちは何かないかと私に尋ねた。そこで、私はその女性に、アイスクリームのほかは思いつかない、と答えた。その婦人は、お安い御用です、私が作りましょう、と言った。翌日、われわれは冷凍庫いっぱいのアイスクリームを食べた。それは本当に素晴らしいごちそうだった。」

釈放後三日経ち、飛行士たちは、健康に問題のあったバール大尉を除いて、全員、重慶へ輸送された。帰国の旅につくためであった。八月二十日に飛行士たちが釈放されたという知らせは、世界中に広まった。飛行士の家族は、四十か月という長い時を経て、ついに息子たちの消息を知ることになった。ジェイクの家族は、知らせを聞いて有頂天になった。息子のために祈り続けてきたジェイクの母は大喜びだった。母は知らせを聞いて二重の幸せに浸っているように見えた。それは、ジェイクが生きていたうえに、獄中でクリスチャンになり、残りの人生を宣教活動にささげると決心したからであった。ジェイクは自分の歴史を口述した中で、このように語った。「母は、その知らせを電報で知った。以前住んでいたマドラスの農場からセイラムの電話のない家に送られてきた電報だった。『ほんとに素晴らしいことだ』と母は叫び、『しかし、息子さんが助からなかったお母さんたちにとってはどんなにひどい知らせかと思わないわけにはいかない』と言った。」

ジェイクがひざまずいている写真が多くの新聞に載った。ある人は、注目を集めたいからだと言い、他の人は、よかれと思ってやっているのだ、と言った。しかしそれは、束の間の意見だった。他の男たちの家族、すなわちホールマーク大尉、ファロー大尉、ミーダー大尉、そしてスパッツ軍曹の家族は、愛する息子たちの悲惨な結末を知った。

男たちはインドを経由し、大西洋を越えて帰国した。ディシェイザーは首都ワシントンから両親に手紙を送り、自分の回心の話と日本へ宣教師として戻りたいという願いを繰り返した。ワシントンで男たちは、検査のためにウオルター・リード病院へ連れて行かれた。

男たちが病院へ着くと、シェリー・マリエッタ少将と医療スタッフが出迎えた。すぐに社会復帰プログラムが適用された。それは収容所や独房監禁で受けた悪影響を和らげる目的だった。元捕虜たちは医師に、自分たちがどれほど打たれ、殺すと脅かされたかを話した。飛行士たちは一連の身体検査を受けた。検査の結果、医師は、男たちの体重が平均十四キログラム減っていることを知った。医師たちによって処方された最初の処置は食事だった。最初の食事は、テンダロインステーキ、フライドチキン、そしてミルクだった。出された食べ物の中で一番気に入ったのは、コップ一杯の冷たいミルクだった。それは、爆撃作戦のため空母ホーネットから出撃して以来、初めて口にするからだった。夕食後、新しい制服が支給された。賞と勲章も一緒に与えられた。男たちは三階級昇進した。

予期したことだったが、元捕虜たちは報道機関のインタビューにさらされた。様々な新聞が、一言話すのにお金を払った。ジェイクはラジオ放送で一節読んだだけで四百ドル受け取った。ジェイクは後にワトソン博士に、これまで口を開くだけでこんなにお金をもらったことはなかった、と語った。ジェイクは自分の個人的物語を話すことで、ある新聞社から二千二百五十ドル受け取った。彼はまた、収容所にいた四十か月分の未払い給料として五千六百ドル受け取った。注目されたにもかかわらず、ジェイクは早く家に帰りたいと切に思った。そして元気を出して毎日を生きていきたいと思った。

ジェイクは、自分が語った言葉を報道機関が歪めて書くことも経験した。母への手紙で、ジェイクはこう書いている。「私は、いつ家に帰るかわからない。新聞が書いたことをすべて信じないでほしい。私は日本人に対して苦々しく感じているのではない……将校たちもそうだと思う。私は日本人が気の毒だと思う。彼らはもっと良い生き方を知らないのだ。時々、日本人たちはわれわれにとても良くしてくれた。」本当に、新聞は兵士たちの話をなかなか正しく受け取らなかった。アソシエイト・プレスは特に、男たちが言ってもいないことを発表した。

事実を正確に述べていない、あるいはまったくのでっちあげの話が公開されるのを防ぐために、男たちはある会社と契約を結んだ。その会社はインターナショナル・ニュース・サービス（INS）であった。男たちは、その会社にだけ独占的に話をするという契約に署名した。このために、ＩＮＳは彼らに相当の金を払った。ジェイクによると、男たちがＩＮＳの記者と数時間、話をすると、話全体が一週間ぐらいで出版されるのだった。

故郷への手紙で、ジェイクは、教育を受けたいこと、特に宣教師のための教育を熱望していることを述べた。母に、「私は宣教師の学校へ行って日本人に伝道することを学びたい」と告げた。ジェイクは、神が自分にメッセージを与えられた、と一心に信じていた。そのメッセージは「今は、書き留めたもの」だが、それを成就するのが自分の宿命である、と固く信じていた。ジェイクは組織だった神学の訓練を受けていなかったが、強い個人的な信仰と、驚くべき回心の体験があった。この二つの個人的な財産は、大学教育によっておおいに補強されるはずだ。ジェイクは、自分に今必要なことは神から与えられたメッセージを伝えるための知識と確信を得ることであり、そのメッセージを、イエス・キリストの癒やしの力が必要だと自分が信じている国に伝えることだ、と結論づけた。

家族へあてたジェイクの書簡は、ジェイクの将来の経歴において顕著な特徴となる話——独房監禁時代のこと、について述べていた。ジェイクは、隔離された三十四か月間でどのように自分が新しい人になったかを母親と分かちあった。神はジェイクを病気から癒やし、何を食べるべきかを知らせ、どう祈るかを教え、そして戦争の終わりを告げた。ジェイクは、自分の物語は人々を神のもとへ連れて行く話になると思った。実際、ジェイクの物語は多くの人の心と魂を揺さぶった。本国においても海外においても。

ジェイクの回心の物語はたちまち、多くのアメリカ人の間で共感を呼ぶことになった。共感した人々の一人に従軍牧師（チャプレン）のペリー・Ｏ・ウィルコックスがいた。彼はジェイクの母への手紙で、こう述べた。

親愛なるアンドラス夫人へ

私が最近見たニュースで最も重要なものの一つは、あなたのご子息、ジェイコブ・Ｄ・ディシェイザー軍曹に関するニュースです。彼は、日本の現状に対する答えはナザレのイエスの教えに見いだされるべきだと述べておられます。

一九〇一年に、ジョン・Ｒ・モットはこう述べています。「アメリカは一万人の宣教師を日本に送るべきだ。さもないと四十年経ったら、日本人は十万丁の銃を送ってくるだろう。」モットは正しかった。ただしモットの挙げた数字の百倍の銃をわれわれが送ったことを除いて。人間の心に憎しみ以外の大事なものを根付かせることに成功できなければ、恒久の世界平和をつくり出す機会はほとんど来ない、と私は確信しています。

素晴らしいご子息をお持ちであることをお喜び申し上げます。

敬具

ペリー・O・ウィルコックス

このような手紙は、ジェイクの生涯において幾つも来た。それはさておき、ジェイクは、宣教師になるという自分の計画を、どうしたらもっともうまく達成できるかを考え続けていた。首都ワシントンから西海岸へ向かう飛行機の中で、ジェイクは自分の人生を吟味した。若い時や軍隊時代のことを思い出した。無為に過ごし、酒を飲み、煙草を吸い、賭け事をした。人に誇れるようなものではなかった。伝道者になるということは、不道徳や日常生活の浮き沈みに勝たねばならないことを意味した。自分自身がクリスチャン生活を一生懸命生きるのでなければ、どうして伝道の働きがキリストの栄光を現し、キリストを体現するものになるだろうか。その時、ジェイクは神の迫りを覚え、今後決して再びアルコールと煙草に触れないと誓った。

ジェイクは、このような気晴らしが自分の伝道の道に入り込むことを望まなかった。ジェイクは、神が自分に望んでおられる仕事に没頭したいと思った。

家に着くと、家族や友人たちは大喜びだった。ジェイクが無事に戻るようにと毎日、昼も夜も祈りがささげられてきた。人々は以前のように集まり、今度はジェイクが真ん中にいて、感謝の祈りがささげられた。家族はジェイクの人柄が変わったと思った。若い時、ジェイクは、家族が熱心に神や聖書を信じることに反抗的だった。今や、ジェイクは信者となり、家族と共に祈りたいと思った。ある時、ジェイクと家族と親しい友人のＪ・Ｒ・スチュアート婦人がひざまずき、神に感謝をささげた。家族と婦人は大きな声で祈った。ジェイクは彼らの素晴らしい言葉に動かされた。ジェイクは彼らの祈りが終わると、ジェイクは彼らのように祈ろうとした。自分の高ぶる思いを祈りの形に整えようとしたが、言葉が出なかった。ジェイクは失望した。祈りたいことがあり、信仰があり、祈る意

待望のわが家に帰還

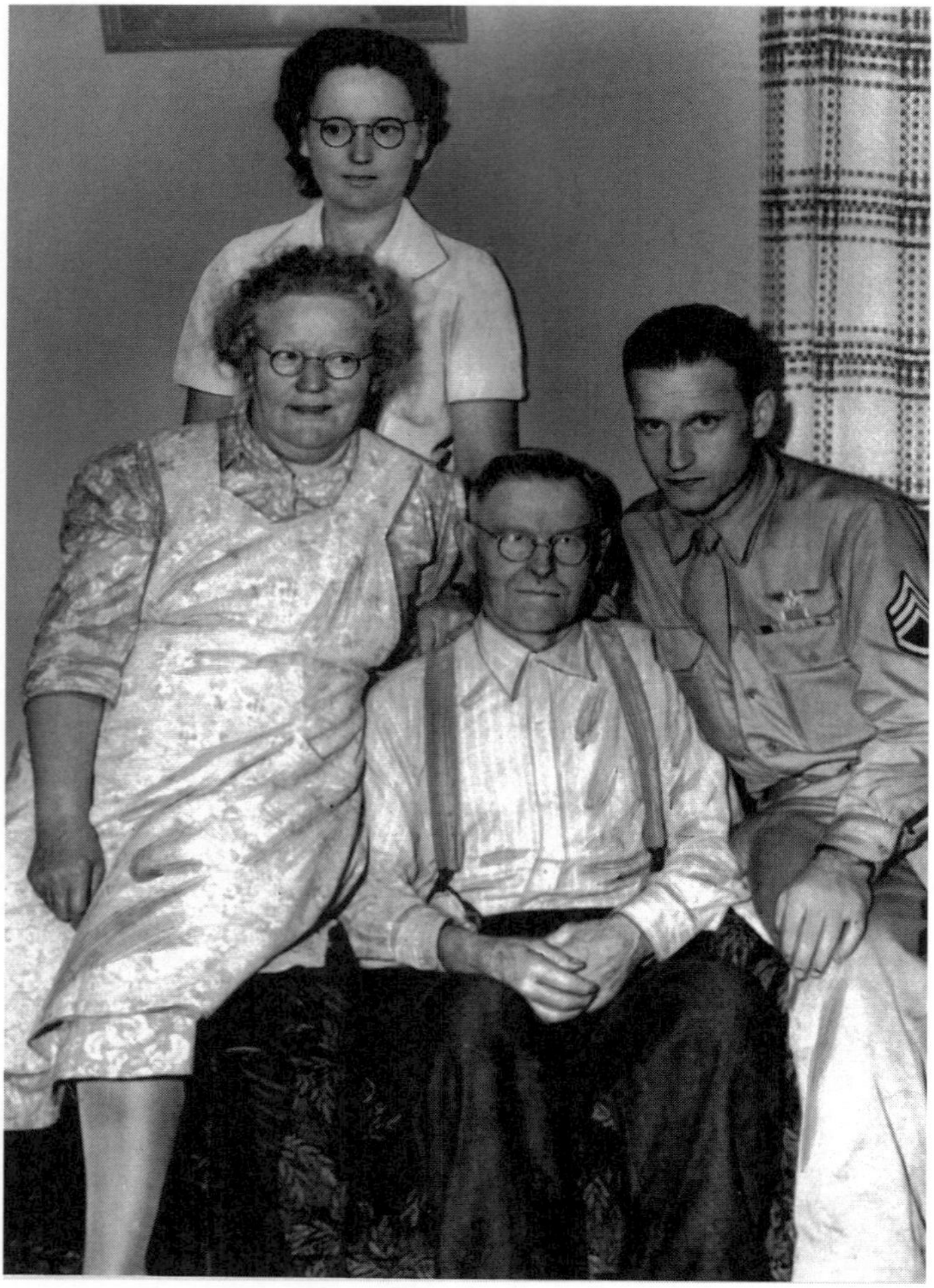

ジェイクのために祈り続けていた
愛する家族のもとへついに帰って
来た。母、義父、姉のヘレンと。

志もあったが、自分の能力が伴わなかったのだ。祈禱会の後、ジェイクは彼らに、自分もあなたたちと同じように大きな声で祈りたかったのだけれど、と言った。彼らは、そのうちできるようになる、とジェイクを励ました。

家族はみな、ジェイクに会えて嬉しかったが、とりわけ母が喜んだ。ジェイクは依然として痩せていたので、母はこれを改善しようと決意した。ハルダはジェイクの好物のフライドチキンを料理した。ジェイクはすべて平らげた。食べ過ぎだった。ミルク、ケーキ、鶏肉、牛肉、その他のおいしい食べ物のおかげで、ジェイクは家に帰ってからの二十日間、毎日、平均四百五十グラムずつ体重が増えた。

身体が十分元気になってから、ジェイクは生まれ故郷のマドラスへ旅行した。そこでジェイクの栄誉を称える盛大な祝典が開かれた。マドラス滞在中、ジェイクは捕虜収容所に収監されていたことや回心についてスピーチをした。これはジェイクが生涯で行うことになる多くのスピーチの最初のものだった。ジェイクはこう述べている。「ここはスピーチを始めるには良い場所だった。私は思い出せる限り多くのことを話した。収容所でのことや、聖書を読んで与えられた救いについて話した。すぐに息が切れた。汗をかき、これまでにないほど一生懸命に話した。今となっては妙な気がするが、自分はその時三十三歳で、それが生まれて初めての公の

母は息子に栄養をつけようとごちそうやケーキをふるまった

スピーチだったのだ。その夜ベッドで一人、神に祈った。神から慰めと、続けるなら勝利するという約束をいただいたように感じた。」このほか、ジェイクはさらに二回スピーチをした。一回はその地方の福音主義の教会で、もう一回はナタン・コーエン・ベスキン博士のいる前で行った。ベスキン博士は回心したロシア系ユダヤ人だった。スピーチをすることはだいぶ楽になってきたが、まだまだ改善する余地があった。自分の物語を語ることによって、人前で話す技術を磨きたい、大学へ行きたいという気持ちがさらに強くなるのだった。

ジェイクは、軍から九十日間連続の休暇をもらうことになっていた。しかしこの休暇期間は短縮された。理由はわからないが、カリフォルニア州のサンタ・アナ空軍基地へ行くようにと指示された。家に帰って二週間しか経っていなかった。サンタ・アナに着くと、ジェイクは軍役を解かれることを求めた。驚いたことに、これは当分の間不可能だと告げられた。というのは、除隊になる予定の兵士があまりにも多くいるからだった。ほかに用事もないので、ジェイクはサンタ・アナをあちこち見て歩いた。この地方には何人か親戚がおり、教会や青年会で話をするように招かれた。聴衆はジェイクの話を聞いて感動し、彼との交わりを楽しんだ。ある教会で一人の信者が、ジェイクが洗礼を受けたことがあるかと尋ねた。ジェイクは、収容所で激しいにわか雨の洗礼を受けた、と答えた。ジェイクはこのにわか雨の経験を思い出し、とても楽しかった。聴衆はジェイクの信仰と率直さに魅了された。

ジェイクがサンタ・アナにいる間、ある指導的な立場の軍幹部が、五十人の元戦争捕虜を巻き込む馬鹿な間違いを犯した。ジェイクを含む五十人の元戦争捕虜が、炊事兵の任務を果たして報告するように求められたのだった。ジェイクはまだ疥癬《かいせん》から回復途上にあり、休養すべきだったが、その代わりに炊事兵の任務が課せられた。

ジェイクは軍の食堂で皿洗いをさせられた。ある日、任務を遂行している時、新聞社の記者が入って来て、許可なしにジェイクの写真を撮った。そしてその写真が流された時、大騒ぎになった。弱々しい痩せたジェイクが汚れた皿をのせた大きな重そうな盆を運んでいる写真だった。その写真は、ロサンゼルスの主要新聞の一つに掲載された。「戦争捕虜帰る　軍の炊事兵の任務に就く」という見出しが付けられていた。その記事の中で、ある将校はこう言った。除隊を待っている兵士たちには、任務の大小はない。「われわれは非常に人手不足で、誰かが炊事兵の任務に立たなければならない。軍にいる間、たぶん一度や二度は回ってくるだろう。」

大衆がこの記事を読んだ時、ジェイクたち戦争捕虜をそんなつまらない任務に就けたことに対して、軍当局に猛烈な非難と反発が寄せられた。これに対して、責任のあった幹部が処分された。ディシェイザーは、さらに観察と治療を受けるために、すぐに病院へ送られた。この事件の結果、ジェイクを除隊させようとする動きが強まった。病院へ送られる直前に、ジェイクは司令官に呼ばれた。司令官はジェイクを炊事兵の任務につかせたのは大きな間違いだったことを認め、ジェイクを支援するためにできるだけのことをすると言った。

第10章　知識の探求　シアトルパシフィック大学での学生生活

知恵のある者に与えよ。彼はますます知恵を得よう。正しい者を教えよ。彼は理解を深めよう。

――箴言　9章9節

帰宅の途中、ジェイクは、姉のヘレンを訪ねるために、シアトルパシフィック大学（SPC）に立ち寄った。ヘレンはそこで学びながら、同時に学長のワトソン博士の秘書として働いていた。ヘレンはジェイクが大学へ入りたいと思っていることを知っていた。ジェイクが家に戻って以後、合衆国中のたくさんのカレッジやユニバーシティから送られて来た印刷物やカタログに埋まっていることも知っていた。ヘレンは、ジェイクにはSPCがぴったり合うと確信していた。ヘレンはワトソン博士にこう話した。「私はジェイクがSPCを選んでくれることを望んでいますが、どのような決定をしても嬉しいです。」その後ヘレンはワトソン博士に、ジェイクを促すため申請書類を送るように勧めた。九月二十日、学長はジェイク宛に、個人的な手紙を書いた。

親愛なるジェイクへ

あなたをファーストネームで呼ぶことをお許しください。というのも、ヘレンがこの夏、私の秘書を務めており、あなたに親しみを感じるようになったからです。私は今、神があなたに計画を持っておられると信じています。その計画とは、あなたの四十か月間の悲劇的な経験を、多くの人々の意気を高め、救うことに用いるという計画です。あなたが主との交わりにおいて前進し、あなたの上に主の祝福があるようにと祈ります。私はたった今、ヘレンからハガキを受け取りました。ハガキにはあなたが本校の申請書類を求めていることが書かれています。ヘレンは、あなたがすぐにでも学びのプログラムを始めたいと思っている、と書いています。私たちは、あらゆることについて喜んで協力したいと思っていますので、ご安心ください。もし可能なら、九月二十八日、金曜日の午前中までに、こちらに来ていただければ幸いです。その日と、二十九日土曜日のプログラムで、われわれの教員が入学についてアドバイスをいたします。

ジェイクは困惑した。まだ軍を除隊していないし、すでに多くの有名校から申請書を受け取っていた。またジェイクは、西海岸全域にわたり、話をしてほしいという招待を幾つか受けていた。そのうちの一つは、ノースセントラル・ワシントンのオカノガンにあるフィンク・ベイナー牧師の教会だった。フィンク・ベイナー牧師はジェイクの友人だった。ジェイクはベイナー牧師の招待を受けた。そしてヘレンに会うためにSPCに立ち寄ることにした。

ジェイクはSPCに到着すると、姉のヘレンだけでなく、ワトソン博士にも会った。ジェイクは座って、ワトソン博士と自分の将来計画について話し合った。ジェイクはこう述べている。「ワトソン博士はいつ、学びを始めるつもりかと私に尋ねた。私は、冬の学期までは学校へ行けない、と答えた。しかし博士は、希望すればすぐにでも学びを始めることができると言った。その結果、私は翌日からカレッジの学びを開始することになった。」ヘレンはワトソン学長がジェイクに良い印象を与えたと確信した。なぜなら、ジェイクはカレッジを訪問した翌日にSPCに入学することを決めたからだ。

ジェイクにとっていろいろな事が次から次へと起こった。捕虜収容所から解放されて、たったの二か月で、ジェイクは学生になったのだ。頭の中を様々な疑問が駆け巡った。大学の厳しい学業にどのように適応しようか。もっと休む時間を取るべきだったのではないか。宣教師になるための条件を満たすことができるのだろうか。三十歳代前半の男が若者たちのグループと友達になれるのだろうか。起こったすべての事柄をよく考えて、ジェイクは心を決めた。「考えてみれば、わずか三か月前は重病人で、死ぬと思っていた。神が病気を癒やし、聖霊のバプテスマを与え、宣教師になるために準備すべきことをすべて与えてくださった。これらすべてのことは、自分にとって不可能と思えることではなかったか。しかし神が私に求めることはただ、やってみろ、だった。そして神ご自身が働かれた。国が私の学費のすべてを払い、生活費も支給してくれることになっている。私は何の制約もなく学業に専念できるのだ。私は神が自分を学校へ連れてこられたかのように感じた。」ジェイクはこれまで何年もの間、学校へ行っていなかった。本も収容所で読んだ聖書以外はあまり読んでいなかった。けれどもジェイクは知識に餓えていた。目標を達成するために一生懸命勉強しようと決心した。

ＳＰＣで、ジェイクは自分の信仰を強める環境に身を置くことができた。教授陣は、キリスト教神学や聖書の学びに献身的であることもわかった。これらの学びはジェイクを整えられた宣教師へと変えるものだ。

収容所暮らしから大学生活への変化は劇的だった。収容所では、打たれ、怒鳴られ、辱められた。自分の時間はほとんどなく、単調な雑事を強制された。ＳＰＣでは、個人的な活動や、調査・研究の自由が与えられた。授業を受け、調べものをし、カリキュラム外の活動を行った。たった三か月前には戦争捕虜だったことを思うと隔世の感があった。今ジェイクは、自分の社会復帰を助け、同時に霊的な中身を成長させる場所にいるのだった。

シアトルパシフィック大学はシアトル郊外のクイーン・アン地区に位置していた。大学構内から数ブロック行くと、シアトルの繁華街と入り江を一望する素晴らしい場所へ出た。ジェイクは、ＳＰＣの環境は景観の美しさと、個人を惹きつける魅力を併せ持っていると思った。ＳＰＣでジェイクは、典型的な学生になった。ジェイクはこう述べている。「私は男子寮に住んでいた……私は一番年上だったが、誰も気に留めないようだった……ＳＰＣの若者はこれまで出会ったことがないような素晴らしい人たちだった。戦争体験の後、私はあたかもビュービュー風が吹く嵐の中から堅固な立派な家に入ったような感じを覚えた……私は、聖霊が収容所で自分に教えられたことの生きた実例を見ることができた。」

ジェイクはまた、ＳＰＣの教授陣を褒め称えてこう述べている。「先生方は聖霊に満ち、聖書をよく理解しておられた。素晴らしい授業と適切な助言をされた。私はこの大学に来るまで、ほぼ完ぺきに近い人生を送っているこのように多くの神の民がいるということを知らなかった。先生方は、神が私に与えられたのと同じ考えを持っておられた。」ジェイクは授業に没頭し、熱心に学んだ。ジェイクは心の中で、授業で習ったことと収容所で経験したことをいつも比較していた。そして、この二つがよく調和することがわかった。教授陣の授業によって、ジェイクの知識は深まり、自分の思いや考えをきちんと整理できるようになった。ジェイクは教授陣についてこう述べている。「先生方は、神の愛と恩寵を表す様々なやり方において、学生たちを励まされた。すなわち、賛美の歌を歌うこと、聖書を読むこと、あかしをすること、聖句を憶えること、祈ること、他のクリスチャンと仲間になることにおいて、学生たちを励まされた。」

学びに専念する時期のはずだったが、しょっちゅう話をするように招かれたので、学びに支障が出てきた。実際、収容所での経験について話してほしい、あかしをしてほしい、という要請がいろいろな方面から来た。大量に来るリクエストに、ジェイクは圧倒され始めた。この重圧を和らげるために、SPCはジョージ・T・クライン牧師を任命して、ジェイクのスケジュールを管理させた。クライン牧師とジェイクは協力して、ジェイクの物語で強調する部分をまとめた小冊子を作った。この小冊子のおかげで、ジェイクは学業にもっと時間を費やすことができるようになった。というのは、スピーチに出かけるたびに、新たに原稿作成や発表の準備をする必要がなくなったからだ。それでも、ジェイクが主要な弁士である集会に、週に平均三回は出かけるスケジュールだった。

ジェイクがフリーメソジスト教会（ＦＭＣ）と交流を持ち始めたのは、この時期だった。ジェイクの両親は長い間、ＦＭＣの会員だった。ジェイクはそろそろどこかの教派に正式に所属する時期が来たと考えた。ＦＭＣの重要な特徴は、しっかりと聖書に根ざしていることだった。聖書は神聖な神のことばであり、キリストにある信仰の土台であると唱えていた。教会は、罪からまったく分離することと聖霊に満たされた人生を生きることを推奨していた。さらにＦＭＣは、ジェイクが宣教師になることを切望していることを評価して、ジェイクの人生に実際的な影響を与えた。すなわち、ＦＭＣはジェイクに地方説教者の免許を与えた。この地位はジェイクにとって、正教師になるための第一歩だった。

ジェイクの学校生活は、かつて耐え忍んだ四十か月の抑留生活と比べると、月とスッポンほどの違いがあった。ジェイクはこう記している。「学校では誰もが私をジェイクと呼んだ。新聞に私の名前と写真が載っていたので、私のことを知っていたようだった。私は他の学生たちの名前を憶えようとしたが、なかなか難しかった……だが彼らはみな、私の友人だった。私は彼らの友情を大いに喜んだ。」ＳＰＣにおいて物事は順調に進んでいった。姉のヘレンとは違って、ジェイクはＳＰＣで学ぶかたわら収入を得るために働く必要はなかった。実際、ジェイクは、軍の生活小切手をもらった結果、けっこう豊かだった。この収入源のおかげで、他の学生たちと違って、自動車を購入することができた。それから間もなく、ジェイクは学外の奉仕のために、学生たちをあちこちへ運ぶようになった――特に自分自身が話をしに行く時に。ジェイクはその資金を使って、学内で学生の祈りの活動を支援した。その結果、多才な良い人として、ジェイクの評判は上がった。確かにジェイクの人生は、思いがけずにより良い方向へ回り始めた。

カレッジ生活の最初の一年が終わりに近づき、ジェイクは夏の学期に学びを続けるために計画を立てた。学位を取るためにどんどん進めるように、神が求めているように感じた。そこでジェイクは、四年間で取得する学位を三年間で取ろうと決意した。今の収入で、経済的には問題なかった。そしてジェイクのやる気をさらに刺激する別の要因が加わった。それは愛らしいクリスチャン女性、フローレンス・マテニーの出現だった。

第11章　フローレンス・マテニーとの出会い、交際、結婚

神である主は、人から取ったあばら骨をひとりの女に造り上げ、その女を人のところに連れて来られた。人は言った。「これこそ、今や、私の骨からの骨、私の肉からの肉。これを女と名づけよう。これは男から取られたのだから。」それゆえ男はその父母を離れ、妻と結び合い、ふたりは一体となるのである。

――創世記　2章22～24節

フローレンス・フェイ・マテニーは一九二一年八月九日、アイオワ州トッドビルの町に生まれた。父親のアーチー・マテニーは農夫で、大変な音楽愛好家だった。地域のPTAの集まりや農業局の集まりで、よく歌を歌っていた。アーチーはバイオリン、トランペット、横笛、口琴、ハーモニカを演奏した。母はアリスといい、静かでとても霊的な人だった。フローレンスの最も好きな母の思い出は、母が白いナイトガウンを着てベッドの床にひざまずいている光景

だった。フローレンスは、母が子どもたちの健康と安全を祈っているのだと思った。

フローレンスにはマーガレットという名前の姉がいた。マーガレットは、五歳になった時に若年性糖尿病にかかった。このためマーガレットは、アイスクリームやケーキや甘いお菓子など、この年頃の子どもが好むものを食べることができなかった。マーガレットとフローレンスは仲が良く、強い絆で結ばれていた。二人はフローレンスの十歳年下の弟アーチー・ジュニアの世話をした。よく、おむつを取り替えたり、交代で温かいミルクを飲ませたりした。フローレンスにはフィリスという名前の妹がいた。一九三二年生まれで、フローレンスより十一歳年下だった。フィリスは姉と同じように、音楽とスポーツが好きだった。

フローレンスは農場で成長した。ハイスクールに入学する前に、リトル・ヘッド・カントリー・スクールへ入った。フローレンスは家族の中の働き者で、おもに兄弟姉妹の世話をした。フィリスはフローレンスが自分や兄弟に大きな声で本を読んでくれたことを憶えている。本を読んでいる時、フローレンスは章の終わりに来ると、弟と妹に、次に何が起こると思うかをよく質問した。フローレンスは家の片づけをしたり掃除したり、よく母親の手助けをした。

フローレンスはスポーツとその競技会を楽しんだ。フローレンスはバスケットボールチームのメンバーだった。チームは一九三六年にリン・カウンティ選手権に優勝した。フローレンスのスポーツ好きは生涯続いた。

フローレンスが子ども時代に携わった他の活動は、教会に関係するものだった。フローレンスは宣教師たちが教会を訪問するのを楽しみにした。彼らは、はるか遠い場所で暮らした後、フローレンスの教会を訪問したのだった。クリスチャンホームに育った多くの子どもたちのように、フローレンスは日曜学校に通い、聖書やイエス・キリストについて学んだ。しかし彼女の未来の夫と同様、フローレンスにとって信仰は、その時は人生において中心的な役割を果たしてはいなかった。

十三歳の時、フローレンスはトッドビルのモンロー・タウンシップ高校に入学した。よく勉強し、一九三八年に学業平均値（GPA）三・〇〇の良い成績で卒業した。高校を卒業した後、フローレンスは教師になりたかった。そこで一九三八年秋、トッドビルの小さな町を離れ、アイオワ州ホプキントンのレノックス短期大学に入学した。

短期大学の学生としてフローレンスは忙しく過ごしたが、信仰のための時間はなかった。宿題、スポーツ、たまにデートと、典型的な学生の時間の過ごし方だった。何をしようかと時間をやりくりする時、真っすぐな狭い道から逸れなかったのは、母の祈りのおかげであるとフローレンスは認めている。フローレンスは、その時はクリスチャンではなかったので、「自分の心は暗闇だった」と回想している。

一九三九年、フローレンスは短期大学の二年生になった。教師になろうと決めていたので、教員免許のために必要な科目を取らなければならなかった。フローレンスが、自分の人生には霊的な側面が欠けていると思い始めたのはこの時期だった。フローレンスは教会で福音書を読んだことがあったし、これまでにイエスが差し出す恵みを受け取る様々な機会があった。しかしフローレンスは、これらの招きに「ノー」と答えてきた。今にもキリストに心を開こうとした機会が多くあったが、その都度、引き下がった。フローレンスが煮え切らなかったのは、クリスチャンではない友人たちとの友情がそれによって壊れるかもしれないと思ったからだった。

一九四〇年六月二日、フローレンスは短期大学を卒業した。卒業証書を授与され、教師の免許を得るために必要な条件はすべて満たした。教師としての最初の仕事は一九四〇年八月に始まった。故郷の田舎の学校だった。見慣れた場所に戻り、フローレンスは再び教会の礼拝に出席し始めた。多くのクリスチャン家族と一緒になった。教師として数か月経った時、フローレンスは地元の教会の事務員になった。そして丸一年間、その役目を続けた。

一九四一年八月、新しい牧師が教会に赴任した。牧師夫妻は若いフローレンスに興味を持った。フローレンスは、牧師が人当たりがよく社交的なので好意を持った。ある日の夕方、牧師はフローレンスに、講演会に出席しないかと持ちかけた。ある大物を呼び物とする福音的グループの講演会だった。フローレンスは何人かの若い人たちと一緒に講演会に出席した。その大物の話を聞くために会場に到着してみると、教会の会衆席は人で埋まっており、最前列の席が空いているだけだった。

講師は、神が持っておられる、人を変える力について力強い説教をした。その説教は聴衆に大きな衝撃を与えたようだった。話が終わった後、主を受け入れたいと思っている人を講壇から招く呼びかけがあった。講壇の周りは人でいっぱいだったので、フローレンスは自分の気持ちを振り払った。懐疑的な性質のために、講壇へ上って行くことができなかったのだ。

人々が自分の側を通り過ぎていくのを眺めながら立っていると、フローレンスは自分へ向けた声を聞いた。「クリスチャンになりたいのではないのですか?」声の主は自分の教会の牧師だった。その牧師の促すような表情と緊迫した声によって、フローレンスを押しとどめていたものが消えた。その瞬間、フローレンスはキリストの声を聞いた。「わたしのところへ来なさい。あなたを休ませてあげよう。」その声は頭の中で反響し、フローレンスの目が開かれた。そして、自分の人生に神の愛と恵みが必要なことがわかった。フローレンスは圧倒され、ひざまずき、祈り始めた。「正直に祈ろうとしたが、一つも言葉が出てこなかった」ことを、フローレンスは憶えている。祈ることはできなかったが、詩篇五一篇一七節を思い出した。「砕かれた、悔いた心。神よ。あなたは、それをさげすまれません。」その瞬間、フローレンスは神の愛が自分の心の中に入るのを受け入れた。立ち上がった時、罪の重荷が消え去ったように感じた。「どんな犠牲を払っても」イエスに従っていこうと決心して幸せだった。キリストに従う決心をしたことは、フローレンスの人生で最も重要な出来事だった。

続く三年間、フローレンスは教会の事務員と日曜学校の教師を務めた。この間、フローレンスは自分の天職を知る知恵と判断力が与えられるようにと祈った。一九四五年の夏、フローレンスの祈りは答えられた。天幕集会のある夕方のことだった。フローレンスは、主が自分に宣教の働きに出るように望んでおられると感じた。それは本当に崇高な召しだった。フローレンスはかつて、母教会を訪問した宣教師の話を聞いて心を奪われたことがあった。宣教の働きは冒険的で重要な生き方だ。キリスト教徒でない人々に福音を届けるのだから。

またフローレンスは、自分の故郷のような小さな町では、一緒に宣教の働きをする結婚相手を見つけることはほとんど不可能だと感じた。したがって宣教師になるという召しは、フローレンスにとって二重の意味があった。一つは宣教地へ行くこと。もう一つは独身の人生を送るということである。フローレンスはおそらく、自分は結婚することをあきらめるだろうと考えた。そうなると、進むべき道はきわめてはっきりしているように思えた。すなわち、母教会の事務員と教師としての役目を辞し、家族と友人と故郷を離れ、大学へ入る。そして大学を卒業した後は、神のことばを広めることに専念する独身の宣教師として人生を送ろう、と。どの学校へ進むべきか調べた後、フローレンスは、シアトルパシフィック大学へ入学することに決めた。宣教師になるために最善の準備が、この学校でできるだろうと思ったからだ。

大学へ行く決心をした後、フローレンスは不思議な経験をした。たまたま新聞をめくっていた時、ドーリットル飛行士の一人の写真が目に入った。ドーリットル飛行士は日本の捕虜収容所に四十か月間拘禁された後、最近釈放されたのだった。フローレンスは、ジェイコブ・ディシェイザーが母親の作ったフライドチキンを食べている写真を見た。フローレンスは興味を持って、ジェイコブの物語を読んだ。そしてジェイコブが独房の中でどのようにしてクリスチャンになったか、また信仰がどのように独房の中で長い間、耐える力と勇気を与えたかを知った。たぶんフローレンスに最も強い印象を与えたのは、ジェイコブが福音を伝えるために日本へ戻ると約束したことだった。その記事によると、ディシェイザーはアメリカ合衆国のキリスト教大学へ入学する計画を立てているということだった。記事を読みながら、思い巡らした。

「もし私が選んだ大学を彼が選ぶとしたら、なんという奇遇だろう、とフローレンスは思った。そうなったら、たぶん彼と握手できるだろう。ひょっとしたら」と。

シアトルパシフィック大学への旅は大冒険だった。アイオワ州の外へ旅行するのはフローレンスにとって初めてだった。その旅で初めて、山々が連なる景色を眺め、そして海を見た。シアトルへ行くために、フローレンスはトッドビル・フリーメソジスト教会の前の牧師J・K・フレンチ氏家族と一緒に、同じ車で旅をした。フレンチ一家はたまたま、オレゴンへ引っ越すことになっていたのだ。

フローレンスは西への旅行中、アイオワの家族に何通か手紙を書いた。手紙は生き生きとしていた。見たことをそのまま書いたので詳しかった。フローレンスは自分が見ている初めての素晴らしい景色を家族に伝えたかったのだ。海を見た時には特に感動した。手紙でこう述べている。「海がどんなものかは、実際に見るまではわかりません。見渡す限り、水、水、水。巨大な波がうねりながら、次から次へとやって来る。私たちは靴と靴下を脱ぎ、海の中に入りました。本当に面白かった。」

瞬時に通信できる今日の世界では、家族が連絡を取る手段は手紙しかないと理解するのは困難だ。二十一世紀では、携帯電話、Ｅメール、インスタントメッセージ等、多様な通信手段がある。家族のメンバーがたとえ東海岸と西海岸に分かれていたとしても、連絡がとれないということはない。しかしフローレンスには、電話をするとかEメールを出すというような選択肢はなかった。家族と手紙で連絡を取ったのだ。フローレンスは家族の一人ひとりに個別に手紙を書いた。時々、同じ話題に集中することはあったが、それがフローレンスにとって家族の絆を保つ方法だった。

手紙でフローレンスは、実家についてたくさんの質問をした。特にスポーツについての質問が多かった。弟の野球チームはどんな具合か、どんな映画が上映されているか、映画を見に行った時にポップコーンを食べたかどうか、学校でどんな成績をもらったか、等々。フローレンスは教会に行けなくてどんなに寂しいか、母と缶詰を作ることがどんなに恋しいか、について書いた。フローレンスにとって手紙を書くことは家族の絆を保つだけでなく、自分の新しい経験を処理する方法でもあった。このため、フローレンスはワシントン州への旅行の間、日に一回以上、家族に手紙を書いた。きっと旅行中、少しばかり孤独を感じていたにちがいない。知らない場所にある大学に入るために、一人の若い女性が旅行していたのだから。この孤独感と戦うために、フローレンスは手紙の終わりに、いつも、「返事を忘れないで」と書いた。

一週間の旅行の後、フローレンスは一九四五年九月二十五日にSPCに着いた。フローレンスは大学のキャンパスが気に入った。大学はシアトル市クイーン・アン地区の丘にあった。気候も気に入った。その時期は温かい夏から涼しい秋へ移り変わる時期だった。入学式で、フローレンスは学長のワトソン博士の演説を聞いた。その冒頭で、学長は学生とSPCについて高揚しながら話した。六百人以上も入学し、開校以来最大の学生数になると語った。またワトソン博士は、二百人の退役軍人を大学に迎えると、誇らしげに話した。

学生数の増加に対処するために、新たに十六人が教授陣に加わった。ワトソン博士はどのように軍の兵舎を新しい教室と実習室に改造したかを説明した。さらにワトソンホールを開館することを挙げた。ワトソンホールは女子寮で、各室にバスルームが付き、カフェテリアもあった。

式典の後、フローレンスは寮の自分の部屋を見に行った。部屋はアレクサンダーホールにあった。部屋を見たが気に入らなかったので、別の部屋に替えてもらえないか頼んだ。四階に一つ部屋があった。フローレンスはその部屋に決めた。寮の中で、「最も素敵な部屋」だったからだ。四〇五号室で、フローレンスは新しいルームメイトのロイスに会った。フローレンスは母に手紙を書いた。「ロイスは本当に素敵なルームメイトです。素晴らしいクリスチャンで、私と好みがほとんど同じです。」

大学の最初の数週間は心躍るものだった。様々な活動でフローレンスは忙しかった。映画の上映、大学主催のパーティー、チャペルでの礼拝などがあった。この礼拝で学生たちは互いに知り合いになった。フローレンスは全部の活動に参加した。これは大学生活に適応するのに役立った。フローレンスはびっしりと詰まった授業計画を立てた。そのことを姉妹に手紙で伝えた――私は目いっぱいの科目を履修しています。それらは話法、体育、子どものキリスト教教育、教育心理学、人格教育です、と。フローレンスは一時間六十五セントで週に十四時間働いた。収入は週に九ドルちょっとであった。これで衣服、食料、その他の費用をまかなった。

シアトル周辺を旅行した時、家族にお土産を送ることを忘れなかった。また、ユース・フォー・クライストの集会に参加したことを述べた。その集会はシアトル市の繁華街にある大きな劇場で開かれた。フローレンスはそのイベント全体に感動した。一万五千人以上の人が集まり、キリストを救い主として受け入れるために多くの人が講壇の前に進み出た、とフローレンスは伝えている。

フローレンスはＳＰＣにうまく適応していった。同級生たちが大好きだった。「ここにいる人はみんな素敵です。少なくとも学生の九〇パーセントはクリスチャンです。このようなグループにいるなんて、なんと素晴らしいことでしょう。」

フィリス宛の手紙で、SPCの学内で最近、話題になっていることがあると書いた。元ドーリットル空襲隊の一人、ジェイク・ディシェイザーが来学期、SPCに入学することになっている、と伝えたのだ。フローレンスがジェイクの名前を挙げたのは、これが二度目だった。最初の手紙では、ジェイクと握手できればなんと名誉なことか、そしてそのことはたぶん実現するのでは、と書いた。

大学生活が落ち着いてくると、フローレンスは試験勉強や、バレーボールや、学業以外の仕事で忙しかった。家族に書く手紙も頻度が少なくなった。というのは、仕事と授業と集会とスポーツの間で時間のやりくりをしていたからだった。一九四五年十月付の母への手紙で、四日間も手紙を出さないで申し訳ない、教育心理学の試験を受けたり、あれやこれやで時間がなかった、と書いていた。フローレンスは家族のメンバーが、「ちょうどいい時に」手紙を書いてこないので、時々、自分が軽視されているように感じた。弟への手紙にこう書いてあった。「あなたに手紙を出してからずいぶんと時間が経ちましたよね。だけど私は、あなたから手紙をもらったらそんなに遅れては書かないでしょ。ベティとつきあうのに時間を全部とられているのかしら。それとも、私にたかだかハガキ一枚書く時間もないと思っているのかしら。私はあなたの野球の試合やパーティーや学校の成績のことなどについて全部知りたいのです……どうか、これらのことについて手紙で知らせてください。」

一九四五年十一月、フローレンスは家族に、授業が忙しくなってきたと手紙を書いた。感謝祭の休暇のためにフレンチ牧師の家へ行く前に、様々なことを片付けてしまおうと思っていた。日程が立て込んでいるにもかかわらず、なんとかバレーボールの試合をしていた。そしてチームは五対〇で勝った。フローレンスは、母への手紙で、「有名なドーリットル兵士」のディシェイザーと学校の行事に参加したことを書いた。フローレンスは友人たちに、「彼と結婚して、日本へ行くつもりなのかしら」と冷やかされた。フローレンスの心を打ったのは、ジェイクの物語だった。フローレンスは、ある日曜日、教会でジェイクの物語を聞いたことを書いた。こう述べている。「とても心を揺さぶるメッセージでした。ジェイクは内気で控えめで、人前で話すのは苦手でした。だけど彼の物語はとても感動的で並外れたものだったので、話す技巧の欠点を補って余りあるものでした。」

ジェイク・ディシェイザーとの間でロマンスが芽生える可能性を秘めて、大学におけるフローレンスの最初の学期が終わった。試験が終わって嬉しかった。体育がAであることを除いて、ほとんどの学科の成績はCだろうと思っていた。しかしふたをあけると、予想より良かった。Cが二つ、Bが二つ、Aが一つだった。フローレンスはクリスマス休暇をフレンチ一家と過ごした。ジェイクの母と会い、夕食を共にする機会もあった。休暇が終わり、SPCへ戻ると、悲しい出来事が待っていた。同級生のユーニスが狩猟中に、誤って銃で撃たれ死んだという知らせだった。これは大きな悲劇であったが、フローレンスは信仰の中に慰めを見いだした。

一九四六年一月、フローレンスと合衆国民にとって事態が変わり始めた。戦争から戻った退役軍人がさらに増えたことによって、SPCの女子学生の居住空間も縮小せざるを得なくなった。それは、新たに成立した復員軍人援護法に基づき、学校に入学を希望する元軍人を受け入れるためであった。実際、女子寮は四人一部屋と手狭になった。人々の考え方が変わり、また労働組合が強い指導力を持つようになり、バス会社、新聞社、電話局がストライキを始めた。このようなことは戦時中、決して起こらなかった、とフローレンスは書いている。フローレンスは倹約を心がけた。働いてはいたが、外出することも最新の服を買うこともできなかった。実際、必要な物以外は買わなかった。布地を買い、自分の体の寸法を書いて母に送った。母はその布地でフローレンスのスカートを作った。フローレンスは生涯、つつましかった。

学業の負担は重かったが、スポーツは続けた。フローレンスはクラスのバスケットボールチームの主将になった。そして、まもなくバレーボールシーズンが来るのが楽しみだと手紙に書いた。また、友人たちとピンポンやテニスを楽しんだ。フローレンスは両親に、ある不幸な出来事を伝えた。それはテニスの試合をしている時に起きた。ある夕方、フローレンスと友人たちがテニスをしていた。リザという名前のロシア人の女子学生の眼鏡にテニスボールが当たり、眼を傷つけてしまったのだ。リザは宣教師としてロシアへ行く準備をしていた。この事故によってリザは片眼を失った。フローレンスと友人たちは、この事故のことで自分たちを責めた。フローレンスは両親に、リザの手術の費用が二千ドル以上だったこと、リザは片眼を失ってもなお、神に仕えたいと思っていることを伝えた。

スポーツ、友人、授業以外のことでは、フローレンスはジェイクや他の若い男性とのデートを楽しんだ。時が経つにつれ、フローレンスはジェイクのことばかり書くようになった。フローレンスはジェイクの車でポートランドへ出かけたことを家族に伝えた。フローレンスがジェイクにとても好意を持っていることは明らかだった。「彼は素晴らしい男性です。以前よりいくらか体重が増え、髪の毛は濃く、縮れ毛になりました。彼は本当にかっこいいです。」

フローレンスは家に手紙を送り、姉にこう書いた。ジェイクがある集会に行こうとデートに誘ってくれた。集会の名前は、ユース・フォー・クライスト春の祝典だった。「彼が迎えに来た時、とても素敵だった。真新しいスーツを着ていた。彼が初めて日本から来た時と比べると、別人のように見えた。三組のカップルが私たちに同行した。ジェイクは素敵な黒い二座席の車に乗ってきた。ラジオも付いていた。」一万一千人以上の人々が参加した大きな集会だった。フローレンスはジェイクと楽しい一時を過ごした。こう記している。「私たちは夜十一時までに寮に戻ることになっていた。しかし戻ったのは深夜だった。いやはや、寮母さんが怒ったこと怒ったこと。」

ジェイクと一緒に過ごす時間が増えるにつれ、フローレンスはますます、ジェイクがユニークな存在であることを知るようになった。こう書いている。「有名人にありがちなものが本当にない。人々はジェイクに近づき、ジェイク・ディシェイザーかと尋ねる。彼がそうだと答えると、人々はいつも彼のことを大げさに話し出す。このように注目されているにもかかわらず、ジェイクはいい気になったり、のぼせあがったりしない。」

フローレンスとジェイクは、さらに多くの時間を一緒に過ごすようになった。フローレンスはまずジェイクを自分の勉強に付き合わせてから、一緒に集会に出かけたりしていた。ジェイクはスピーチとあかしを続けた。フローレンスは友人に、ジェイクが自分の物語を話すために一緒にエベレットへ行く、と書いている。ジェイクの話を聞くのはこれで五回目だが、フローレンスは「まだ聞いていて楽しい」と言った。フローレンスは、ジェイクの物語を代わりに話すことができると思った。物語の筋をすっかり暗記していたからだ。ジェイクはスピーチがだんだん上手になり、ほとんど緊張しなくなった。しかしフローレンスは、もっと訓練をすればさらに上手になると思った。

フローレンスは授業を受けるために夏の間学校にいた。学業が前進するのと同時にジェイクに会う機会もできた。ジェイクは大学の有名人だった。そのためジェイクは講演に出かけるのに多忙だった。時には日曜日に四回以上、話をすることがあった。フローレンスの手紙は、かつては家族がどう過ごしているかの質問でいっぱいだったが、今はジェイクと一緒に携わっていることでいっぱいになった。シアトルにいること、生きていること、そしてそれを楽しめることがどんなに素晴らしいかを家族に書いた。フローレンスは家族や故郷が恋しい一方、西部の気候が気に入っていた。ジェイクについては、こう書いている。「私はこのような際立った有名人と親しくなるなんて、夢にも思いませんでした。ジェイクの心は、まさに農家の子どもの心です。年齢は三十三歳ですが、時に十八歳のような振る舞いをします。」

家族への次の手紙の中で、フローレンスはジェイクを未来の義理の息子と呼んでいたが、驚くに値しなかった。「私たちはこの前の金曜日の夜に婚約しました（公表していませんが）。彼と初めてデートしてから、たったの五週間です。教会で話を終えた後、ジェイクは私をワシントン湖へドライブに連れ出しました。そこでジェイクは、私に自分の妻になってほしいと言いました。」二人は同じような世界観を持っており、自分たちの未来を神の手にゆだねていた。フローレンスは、ジェイクは多くのクリスチャンと違っている、と語っている。「収容所で救われたけれど、ジェイクにはたいていの人が持っているような頑固な考えやけちな先入観がありません。その代わりに、彼は愛の精神を説き、愛の精神を実践しています。私は、彼が他人や何かのことでいらいらしているのを一度も見たことがありません。収容所にいた時、彼はヨブ（訳注＝旧約聖書で、財産、子ども、健康をすべて失っても神を信じて耐えた人物）と呼ばれていました。というのは、彼はとても辛抱強かったからです。」

結婚の準備は夏の間に行われた。ジェイクはフローレンスに婚約プレゼントを贈った。それは九十ドルのスイス製の腕時計だった。夏の間中、二人は集会と奉仕に参加した。そこでジェイクは自分の物語を語る一方、話す技術を磨いた。ジェイクが話をする時、フローレンスの果たす役割も大きくなってきた。握手をしたり、演壇上に座ったり、自分が話をしたりと。こう書いている。「私は本当に幸せです。主が私をシアトルパシフィック大学へ導いてくださったと思っています。この大学は、私たち二人が未来へ向けて充電するためのとても大切な場所です。自分は価値ある者でなく、能力もないと思っていますが、主が私たち二人を助けてくださいます。」

夏の間中、二人は教会で、人々から贈り物やお金を受け取った。八月までに二人は結婚祝いとして二百十五ドルを受け取った。このお金は今後の出費の助けになるものだった。二人は月十九ドルで家を借り、ジェイクは合衆国政府から月九十ドルの支給を受けるはずだった。また、ジェイクが大学のために話をする時は、大学がジェイクの旅費を負担することになっていた。

時が経つにつれ、新聞記事に二人のことが書かれるようになった。ジェイクは「ドーリットル飛行士」あるいは「トウキョウ空襲者」と書かれ、フローレンスは「女子大生」と書かれた。ジェイクはフローレンスのために鍵盤アコーディオンを買った。フローレンスは、このアコーディオンは将来、宣教活動に役立つと思った。

結婚式は一九四六年八月二十九日、オレゴン州グレシャムのグレシャム・フリーメソジスト教会で執り行われた。挙式後すぐに、ジェイクとフローレンスはフローレンスの家族に会うためにアイオワ州へ旅立った。この間、アイオワにいる時やシアトルへ戻る途中で、ジェイクは幾つかの教会であかしをし、多忙だった。これはフローレンスにとっては、ジェイクと歩む将来の生活の前奏曲だった。

ジェイコブはフローレンスと結婚する前から話題になっていた。しかしフローレンスは、「有名なドーリットル飛行士」と結婚した後、話題になることに適応しなければならなかった。アイオワから戻ると、二人は新婚生活と学生生活の決まったパターンに落ち着き始めた。新聞記者はジェイコブのことを、まだニュース価値のある対象と見ていた。彼らは、フローレンスとジェイコブが日常生活を送っているところの写真を撮り、小さな記事を書いた。それらは新聞に掲載され、ジェイクとフローレンス、そして二人が着手しようと準備している宣教活動について伝えた。

同じ大学のフローレンスと結婚

新婚生活は結婚前の生活の延長だったが、フローレンスは、自分のことだけを心配する代わりに、妻、主婦、学生の三つの役割を果たさなければならなかった。通常の授業と並行して、フローレンスはジェイクと一緒に日本語の学びを始めた。日本宣教のための準備として、ボッコ・ツチヤマ教授から手ほどきを受けた。

戦後のアメリカにおける結婚生活は、バラ色ばかりではなかった。肉、スープ、ショートニングが不足していた。二人が得るわずかな収入で生活の収支を合わせるのは大変だった。二人は友人や家族から缶詰製品を寄付してもらったりして、なんとか切り抜けていた。当初は、ジェイクは家庭では大いに手助けをした。

フローレンスは女子バレーボールの監督に選ばれた。二人は、勉強に、奉仕に、会合に、さらには祈りのリーダーにも任命され、とても忙しかった。ジェイクが聴衆に話をする時の助けになるようにと、聖書黙想同盟（The Bible Meditation League）はジェイクの人生についての小冊子『私は日本の捕虜だった』（*I Was a Prisoner of Japan*）を作った。この小冊子は二十か国以上の言語で印刷され、世界中の教会に送られた。フローレンスはこの頃、こう書いている。「私には世界中で最も素晴らしい夫がいます。私たちは、主の奉仕をすることができ、また主が私たちの人生を導いておられることを知って、とても幸せです。」

結婚して最初の一年間、二人は勉強と教会出席と日本宣教に備えるための伝道集会参加を続けた。これには、日本人バプテスト教会の礼拝出席も含まれた。だが、彼らには日本語を理解することが困難だった。ジェイクは説教を続けた。ついにジェイクは長年望んでいた飛行訓練も受けることができた。フローレンスは子どもたちに実物教育 —— 自分の人生で多くの時間を費やした大切なことに関する実物教育——を行った。一九四七年の冬、日本へ行くことを承認してもらうために、二人は宣教理事会に予備申請を行った。

生活が忙しくなるにつれ、フローレンスの手紙には疲れの色が現れた。こう書いてあった。「この世の事柄にはこれで十分だということがないことを、ますます知るようになりました。そして、人生において唯一重要なことは、心が主と共に正しくあることだ、と知るようになりました……実家から遠く離れていて大変ですが、これも主のご意志であると思っています。」この精神的緊張は、大学と結婚生活の両面でやらねばならぬことがあまりにもたくさんあることが原因だった。

一九四七年三月、フローレンスは家族に、このところ具合が悪いと書いた。フローレンスは吐き気がしたり、気が遠くなったりした。四月になって、フローレンスは、自分と兵士収容施設にいる他の四人の妻に子どもができたことがわかった。妊娠によって疲れるようになったが、フローレンスは勉強を頑張り続けた。お金を節約するために、フローレンスはおむつを作るフランネルの布地を買った。しかしミシンがないので、実家の母に布地を送り、作ってもらった。ジェイクは相変わらず、おもな呼び物だった。多くの教会から話をするように依頼された。そのためしょっちゅう旅行に出て、教会で説教をし、あかしをした。フローレンスは、自分は独りで、妊娠しており、子どもが生まれてくるのを待っている状態だ、と自覚した。フローレンスは母に手紙を書いた。「私は少しばかり、独りで寂しいです。しかしとても忙しくしています。しなければならないことがたくさんあります。」

一九四七年の秋、ジェイクは二人が教えていた教会の副牧師になった。時間があると、ジェイクは教会で、新しい基礎を造るために穴掘りをした。ジェイクはまた、シアトル地域のアルコール依存症の人たちを支援する働きに加わった。フローレンスはこの働きが特に好きではなかったので、妹への手紙でこう書いている。「私は酔った人たちを相手にするより、子どもたちを相手にしたい。」ジェイクは引き続きとても忙しかった。週に少なくとも六回は集会で聖書を教えた。このような忙しさにもかかわらず、ジェイクは「以前と変わらず優しく」、また「自分はそんな素敵な夫を持って、とても幸せだ」と、フローレンスは語った。

まるで生活がますます忙しくなることはないかのように、ジェイクとフローレンスに新しい喜びが訪れた。一九四七年十月三十一日、とうとう彼らに男の子が生まれたのだった。ジェイクとフローレンスは息子にポール・エドワードという名前を付けた。どうしてそのような名前を付けたかと聞かれると、ジェイクはこう答えるのだった。「ポールは使徒パウロから取りましたが、エドワードはどこから来たか知りません。」クリスマス休暇の間、オレゴンのフレンチ家族とジェイコブの家族を訪ねた時に、ジェイクはポールに洗礼を授けた。

家族が増えて幸せだったが、ディシェイザー家の財政は火の車だった。フローレンスは午前中、よその子どもの世話をすることで、家計を補うことにした。子ども用寝台や乳母車などの基本的に必要なものは、他人の好意を頼りに手に入れなければならなかった。フローレンスの生活は能力の限界に挑戦するものだった。というのは、宿題をこなし、家事をし、小さなポールの世話をしなければならなかったからだ。この間ジェイクは、学業と週に二、三回話をすることとの間で時間をやりくりしていた。

一九四七年の初め、間近に迫った日本での伝道活動の準備のために、ジェイコブとフローレンスはシアトル地域の日本人との交流を増やした。手紙の中でフローレンスはこう書いている。「日本人は福音を熱心に聞くように思われます。アメリカ人が考えるほど福音を拒否するようには思えません。」フローレンスとジェイクはできるだけ多くの時間を割いて日本語の勉強に打ち込んだ。二人はまた、日本から帰ったばかりの宣教師から日本食の作り方を学んだ。

非常に忙しいスケジュールであったが、ジェイクとフローレンスは二人の結婚生活を深める時間を作った。二人の関係の深さは、一九四八年のバレンタインデーに、フローレンスがジェイクに書いた詩に現れている。

私の最愛の人、私の夫へ

主は正しく歩く者たちに、良いものを拒まれません（詩篇84篇11節）

Ⅰ
「来て私に従いなさい」と救い主はささやいた、
「そうすれば、私はあなたに
永遠の命と幸せと
多くの地上の喜びを与えよう。」

Ⅱ
私は救い主の声を聞きました、
主の招きを聞きました、
そして今、私は喜びと平安を知っています、
それはすべてを与えることによって来ます。

Ⅲ
主は言われた、「正しく歩く者たちに、わたしは良いものを拒みません」と。

主のことばは、まことに真実です。
それは、主が私に天国を下さり、
あなたを下さったから。

Ⅳ

言葉では決して表せません
あなたの愛が私に意味したことを。
あなたはすべてです、それ以上です、
夫がこうあるべきだということについて。

Ⅴ

あなたの接吻は、私のすべての痛みを和らげました、
あなたの微笑は、毎日を元気にしました。
あなたの忍耐と、思いやりのある愛が
私を助けてくれました。

Ⅵ

あなたの祈りは私を神にさらに近づけました、

あなたの信仰は私を強くしました。
あなたの日々の、誠実なクリスチャン生活は
見るに美しい。

Ⅶ

そして今、私たちの喜びを完全にするために
主は小さなポールを私たちに送られました、
召しに答えて
一緒に海を越えて行くために。

Ⅷ

私の心は賛美に満ちています、いとしい人、
これらの言葉をあなたに書きながら――
「正しく歩く者たちに、わたしは良いものを拒みません」
私はこの言葉が真実であることを知っています。

春になってジェイクはいっそう旅行に出るようになったので、フローレンスは一人残され、

ポールの世話をすることが多くなった。医者はポールの体重が足りないと言ったので、フローレンスは手紙で母にこう言った。「ジェイクは食事を十分与えなかったからだと思っており、私にもっと食事の回数を増やすように言いました。」そうこうしている間も、フローレンスは近隣の子どもの世話、家事、買い物、縫物、日本語の勉強、そしてジェイクの学期末レポートのタイプまでこなした。ジェイクは教会に依頼された仕事が忙しくて、タイプする時間がなかったからであった。フローレンスは復活祭のための服を買う時間もなかった。そこでジェイクはフローレンスを手助けするつもりで青いスーツを買って来た。フローレンスはそのスーツが気に入ったが、少し長かった。フローレンスは母への手紙に、「だけど、ジェイクはそういうのが好きなのです」と書いた。

家族への手紙に、ジェイクはいつもどこかへ出かけている、とフローレンスは書いた。さらにジェイクは宣教理事会で選ばれ、夏の間、東部地域と中西部地域を宣教のアピールに巡回した。ジェイクはこの二つの地域の主事と共に旅行することになった。フローレンスはジェイクのこの働きがあまり好きではなかったが、すべてのことを主の御手にゆだねることにした。そうこうしているうちに、フローレンスは隣人の子どもの世話をすることをやめた。働きすぎだと思ったからだ。ジェイクの講演の働きは今や家庭の行事になっていた。ジェイクが自分の物

夫婦揃って大学を卒業（長男ポールと）

語を話す時、フローレンスと赤ん坊のポールも一緒に舞台に上がるのだった。

一九四八年六月、ついにジェイクとフローレンスはＳＰＣから卒業証書を授与された。そして新聞記事になった。二人は卒業証書をもらったが、実際は卒業ではなかった。というのは、八月に最終的にすべての教科の学習を終了する予定だったからだ。それにもかかわらず、ジェイクもフローレンスも、宣教を専攻とする文学士の学位を授与された。ジェイクは、計画どおりに、四年制大学の学位を三年でなんとか取得した。新聞や雑誌の見出しはこうだった。「トウキョウ爆撃者と妻、シアトルパシフィック大学の学位を取得」、「神に出会った飛行士」、「ドーリットル飛行士、捕らえられ、投獄され、日本人に命をささげる」、「爆弾に代えて聖書を」、そして「元飛行士と妻、宣教師として日本に戻る」。これらの見出しに、ジェイクの物語とジェイク、フローレンス、小さなポールの写真が続いた。新聞記事には、きまってジェイクとドーリットル空襲隊の関係、日本の戦争捕虜として収容されたこと、獄中の回心のことが言及された。これによって、実際、二人を待ち構えている冒険に人々の注目が集まった。新聞がそれを意図したかどうかはさておき。

そうこうしているうちに、宣教の働きのために日本へ旅立つ計画が動き出した。しかし二人は学びを終了させなければならなかった。二人を助けようと、ジェイコブの姪のエレインがポールの世話をするために引っ越して来た。七月になって、彼らが大阪で住む家が見つかったという知らせを受け取った。フローレンスはこの住居について、母にこう書いている。「部屋が四つ……押入れが一つ、ベランダ、戸、電気、水、家の中のトイレ。」この知らせは二つのことを意味した。第一に、彼らは収入を得ることができ、これまでのような、かつかつの生活をたぶんしなくて済むかもしれないということ。第二に、これは最も重要なことだが、宣教師になる夢に大きく近づいたということだった。続く数週間、ジェイクと家族は、日本で神さまの働きをするという大きな冒険に乗り出す準備をした。

第12章 日本への旅

では、私にどんな報いがあるのでしょう。それは、福音を宣べ伝えるときに報酬を求めないで与え、福音の働きによって持つ自分の権利を十分に用いないことなのです。

——コリント人への手紙 第一 9章18節

一九四八年八月七日、ジェイクはフリーメソジスト教会の牧師に任命された。公式には、「レヴェレンド・ジェイコブ・ディシェイザー」と呼ばれた。ディシェイザー家族は引き続き忙しかった。なにか奉仕の働きをするわけではないが、小さなポールも一緒だった。フローレンスはこう書いている。家族全員が疲れている。というのは、ある場所から別の場所へと行ったり来たりしているうえに、日本への大変な引っ越しの準備が重なったからだ、と。

マッカーサー元帥のようなアメリカ人に加えて、ジェイクも、日本人は聖書の言葉に非常に飢えていると確信していた。すなわち第二次世界大戦によって多くの人が死に、国土が破壊された日本において、人々はキリストの愛と赦しのメッセージを受け入れるとジェイクは確信していた。キリスト教がイエズス会によって日本にもたれされたのは十六世紀だったが、この圧倒的な神道の国には根付かなかった。日本を統治していた将軍はカトリックの宣教師を迫害し、改宗させようとする働きを激しく妨害した。

アメリカ合衆国との破滅的な戦争の後、多くの日本人は幻滅を感じていた。戦争に負ける前、日本国民は、日本の国は天皇の神聖な庇護の下にある、と信じていた。しかし天皇が国を守ることに失敗した時、多くの人々が神としての天皇の地位に疑問を持ち始めた。そのため、日本人の多くが自分のこれまでのあり方を吟味しているところだった。ジェイクは、このような時だからこそ、日本人にキリストのメッセージを知らせるために日本に行きたいと思った。一方、ロシア、中国、北朝鮮から輸出された共産主義が、一つの生き方として日本に侵入しつつあった。特に共産主義の反宗教思想が、日本の社会に浸透し始めていた。

出発の日が迫ってきたので、ジェイクは黒のポンティアックを九百ドルで売った。また宣教活動を始めるに際し、寄付金と缶詰食品をもらった。日本へ出発するために必要な、二人のビザ付きのパスポートが届いた。出発は一九四八年十一月から一九四九年一月の間のどこかだった。家族で旅行する時、ジェイクは機会がある限り、教会で話をした。ジェイクの活動と計画は、間近に迫った宣教活動の前奏曲として地方新聞に報じられた。一九四八年十月二十六日に、セントルイス・ポスト・ディスパッチは、「なぜ神は私を日本へ呼び戻すのか」という見出しの記事を掲載した。その記事は、ドーリットル空襲隊員がなぜ宣教師として日本へ戻るのか、ということを述べていた。それはジェイコブの考えをあかしするものだった。その記事はこう書いている。「宣教の働きは、回心して以来、ディシェイザーが育んできた志を成就するものだ。ジェイクは日本の収容所で、衰弱して死んでいく士官のボブ・ミーダー大尉のそばで回心した。最初のうち日本人に対する苦々しい感情は耐えられないほどだった、とディシェイザーは言った。しかし、気の毒なボブの死について思い悩んでいる時、自分の関心が宗教と死後の世界のこと――自分たちの存在に関わる基本的な現実――に向いていった。」ジェイクはさらに考え続け、戦争は国どうし、また人どうしの衝突を解決する答えではないことに思い至った。ジェイクはこう言っている。「私は今……憎しみではなく、愛が、人間の間に平和をもたらす道であることがわかった。だからこそキリスト教が重要なのだ……キリスト教は愛を教える。」その記事には、フローレンスの信仰がジェイクに与えた影響についても記されていた。確かに、キリスト教に対するフローレンスの深い個人的な思いが、日本へ戻るというジェイクの決意を強めたのは間違いない。その記事は、ジェイクの信仰は「まったく心を奪うもの」で、ジェイクは聖書の「熱心で情熱的な学生」だ、と述べていた。

十二月になって、ディシェイザー家族は日本への旅に備えて最後の準備を始めた。フローレンスはこう記している。私と夫は「日本の人々にキリストの話を伝える特権が与えられていることを幸せに思います」。小さな頭痛の種があった。出発の日取りがしょっちゅう変わることだった。そのため、いつ出発できるか誰にもわからなかった。港湾ストもあり、遅れに遅れて、ディシェイザー家族は、ついに一九四八年十二月八日、サンフランシスコからUSSジェネラル・メイグス号に乗って出発した。新聞はこの出来事を取り上げた。それはジェイクの物語が依然として、目玉記事だったからだ。

ジェイクは、空母ホーネットに乗って以来、六年八か月ぶりに船に乗った。ホーネットでは、ジェイクは戦闘と冒険を求める若者だった。真珠湾奇襲攻撃を行った日本人に、まさに復讐を果たそうとしていた若者でもあった。ジェイクはこう書いている。「今度は、爆撃手としてではなく、宣教師として（日本へ）行く。今は日本に対して愛と良い目的を持っている。平和の福音を携えて悪に打ち勝つために出ていくことは、なんと素晴らしいことだろう。私たちはイエスを伝えに日本へ行く。そして日本の人々に平和と幸福の道を示す。私たちは日本がキリスト教の国になり、真の神の前で礼拝する喜びを持つ国になるように願っている。」

気持ちの高ぶりを覚えながらも、ジェイクは、この旅は家族にとって決して楽な道にはならないだろうとわかっていた。繰り返しこう思った。「この勇敢な小さな妻は戦いに備えているが……苦悩と困難があるかもしれない。しかし、もう後戻りはできない。」立ち止まり、状況を客観的に見てみると、心配なことがたくさんある。ジェイクとフローレンスは日本語の基礎を少しかじった程度だ。自分たちをどのように迎えるかわからない国へ行くのだ。私たちを避けるだろうか、それとも歓迎するだろうか。また小さなポールがどのように宣教師の生活に適応するだろうか。これらの疑問がジェイクの心を塞いだに違いない。自分と家族の気持ちを楽にしようと、ジェイクは歴代誌第二20章15節を開いた。「あなたがたはこのおびただしい大軍のゆえに恐れてはならない。気落ちしてはならない。この戦いはあなたがたの戦いではなく、神の戦いであるから。」

ジェネラル・メイグス号は豪華客船ではなかった。家族ごとの部屋はなかった。女性と男性は分けられ、別々の船室に入れられた。船室は満員だった。ジェイクのいた船室は男性が十八人、ポールとフローレンスのいた船室は女性が九人、子どもが四人だった。船は千五百人の乗客で混雑していて、個人の空間はたいしてなかった。宣教師はジェイクとフローレンスだけではなかった。他にプロテスタントの宣教師の仲間もいた。ミス・アリス・フェンソンもその一

日本へ渡る船の上で

人だった。フリーメソジストの宣教師で、日本へ旅行するのは初めてだった。かなりの数のカトリックの神父もいた。カトリックの神父はジェイクには、多少謎めいた存在だった。ジェイクは、神父が船上で他の男たちと酒を飲んだり、煙草を吸ったりしているのを、たびたび見た。これらを目撃して、ジェイクは当惑した。というのは、聖職者は世俗的な道楽などを捨てなければならない、とジェイクは信じていたからだった。

二週間の退屈な船旅と戦うために、ジェイクと妻はあえて忙しくした。二人は暇さえあれば日本語の勉強をした。日本に着いたら、相当に厚い言語の壁があると考えていた。したがって、勉強すればするほど、それだけより良い準備をすることになると考えた。

たくさんの乗客が様々なテーマについて講義をした。ジェイクを惹きつけたのは、日本へのキリスト教の到来についての講義だった。ジェイクは、ポルトガルのカトリック宣教師の聖フランシスコ・ザビエルが一五四九年に日本へキリスト教をもたらしたことを知った。そのイエズス会の神父は中国、インドネシア、そしてインド中を旅行した。そして日本人がキリスト教を最も嫌う人々だと実感した。ザビエルの働きは困難なものだったが、ザビエルとイエズス会は五十年間で五十万人以上の日本人をキリスト教に改宗させるのに貢献した。

イエズス会および後のフランシスコ修道会の宣教師の成功にもかかわらず、豊臣政権および後の徳川将軍は、支配している民がキリスト教に関わることを好まなかった。キリストにある真理と自由を説く宗教によって、民は支配されることに反抗するようになると、為政者たちは考えた。その結果、豊臣と徳川の為政者たちは日本のキリスト者を迫害し始めた。迫害の方法には、ジェイクが知っていた方法も含まれていた。実際、第三代将軍の徳川家光は、残酷な拷問を用いてキリシタンが信仰を捨てるようにし向けた。羽根幹三が記したように、「最も一般的な拷問の方法は、水責め、火責め、切断、逆さづり、だった」。反キリスト教キャンペーンが最高潮に達したのは、一六三八年に起こった出来事だったことを、ジェイクは学んだ。

徳川将軍はキリスト教を日本から締め出そうとしたので、島原半島にいた日本人キリシタンのグループは反抗した。島原のキリシタン農民は大名に対して反乱を起こした。島原のキリシタンを率いたのは、天草四郎という名前の十六歳の若者だった。四郎はキリシタンを組織化し、徳川将軍から自分たちを守るために、主君のない侍「浪人」を仲間に加えた。約三万人を数えるキリシタンたちが城に立てこもった。徳川将軍は城の周りを包囲し、城内の人間が飢えるのをゆっくりと待った。そして城内の人々が弱ったのを見計らい、十万人の兵で城を攻撃した。皆殺しだった。

この事件の後すぐに、将軍はすべての外国人を日本から追い出した。日本は一八五四年にアメリカ海軍提督マシュー・ペリーが来るまで、鎖国を続けた。日本国内には多くの抵抗があったが、ペリーは日本を開国させた。そして、十七世紀に制定されたキリスト教禁令は一八七三年に解かれた。

一路日本を目指してジェイクの船旅は続いた。クリスマスのためにホノルルに二、三日寄港した。ここでジェイクは、ＳＰＣで知り合った何人かの学生の父母を訪ねることができた。これは快適でない船旅の小休止だった。しかしジェイクはハワイの教会で話をしたので、家族にとってはあまり休む時間はなかった。ハワイでの短い滞在が終わり、再び船に乗り込み、日曜日の夕方に出港した。大勢の人が集まり、船が港を出る時にゴスペル聖歌を歌った。

超満員の船で数えきれないほどの日数を過ごし、船酔いで具合が悪くなったことも数知れず経験し、ジェイク家族はとうとう一九四八年十二月二十九日、日本の横浜に着いた。ジェイクが日本の土を踏む前に、日本の人々はジェイクのことを知っていた。それはドーリットル飛行士が宣教師になる物語を書いた小冊子によった。この小冊子は、百万部以上、日本中に配られていた。そして小冊子の下部には空欄があって、クリスチャンになりたい人はそこに誓約を署名するようになっていた。ジェイクが日本に到着するまでに、小冊子の出版社は数万の署名を受け取っていた。これはジェイクが信じていたこと――日本人は福音を聞く準備ができていて、福音に飢えているということ――を物語っていた。しかし福音を受け入れるということは、単に署名をすること以外にもっと必要なことがあるのだ。

船のタラップを降りると、ディシェイザー家族はたくさんの取材記者とカメラマンに出会った。家族は文字どおり、たった今日本に着いたのであるが、報道機関はすでに手ぐすね引いて待っていた。記者とカメラマンに交じって、普通の日本人の市民がいた。彼らは、日本人によって独房に収容された戦争捕虜が、どうして態度を変えることができたのか、原因を知りたかったのだ。彼らは、憎しみと敵意に満ちていた心が、迫害していた人々への愛に満ちた心に変わったことが単純に理解できなかったのだった。興味を持った群衆が押し寄せ、ジェイクを一目見ようとした。記者はジェイクに矢継ぎ早に質問した。「あなたはどうしてここにいるのですか。イエスのメッセージとは何ですか。あなたは自分を捕まえた人たちをまだ恨んでいますか。」質問は次から次へと来るので、最初のうち、ジェイクはおおいに戸惑った。ジェイクは手短に自分の物語の中心的事柄を語った。すなわち、独房の床に座って聖書を読んでいる時に、どうしてイエスを信じるようになったかを話し、また大学で宣教師になるための教育を受けるようにと、主が自分を導かれたことを話した。そしてジェイクは自分を称賛する人たちに、主が自分と家族を無事に日本へ連れてこられたこと、自分はキリストのメッセージを広めることを楽しみにしていることを語った。

翌日、ニッポンタイムス（Nippon Times）が「ディシェイザー牧師来たる。日本人に霊的な助けを与えるために」という見出しで記事を掲載した。その記事にはフローレンス、ジェイク、ポールの写真があった。記事の中でジェイクは、「私は悪に対して善で報いるために日本に来ました。私は神に誓いました……神の愛によって人々を救うことを」と述べている。ジェイクは、「生涯、日本にいるつもりだ」と言った。その記事は、ドーリットル空襲隊のことを詳しく述べ、ジェイクがどのように捕らえられ、投獄され、収容所にいる時にどのように聖書の言葉を受け入れたか、を書いていた。ジェイクはこう語った。収容所で自分は、「戦争の野蛮さと残酷さを知った」。そして「戦争はただちにやめなければならない」と実感した。記事はジェイクのこんな言葉で結ばれていた。「私は日本へ来ることを決意した。それは、日本には戦争のために苦しんでいる人がたくさんいるからだ。」ぜひとも、ジェイクは日本人に霊的な導きを与え、日本人がイエス・キリストを知ることができるようになってほしかった。

新しい環境に慣れるための方法だとして、シリル・ヒル大佐はディシェイザー家族を車で連れ出した。大佐はディシェイザー家族を連れて幾つかの町を回った。そして日本のこの地方ではどんな生活をしているのか、情報を提供した。ドライブの途中、ジェイコブとフローレンスは小さな店屋を見つけ、日本人がちょっとした装身具や手製の皿や果物を売っているのを見た。道路は狭く、フローレンスは小さな子どもや自転車に乗っている人にぶつからないかと心配した。人家は小さく、アメリカのようにしっかり建てられているように見えなかった。彼らは、ほとんどの家に小さな庭があり、野菜や穀物を育てているのに気がついた。フローレンスは、細い竹の棒がたくさんあり、その棒には様々な形に切られた紙切れがついているのを見つけた。ヒル大佐に尋ねると、悪い霊を撃退するためのものだとの答えだった。フローレンスはこれに衝撃を受け、こう言った。「迷信と暗闇の中に人々が生きているのを見て、心が騒ぎます。早く日本語を習得して、この人たちの心に福音を届けることができるように祈ります。」

最初の興奮した状態が収まると、ディシェイザー家族は宣教師としての生活の現実に直面することになった。日本到着後、ディシェイザー家族はアメリカ式の家に連れて行かれた。しかし暖房装置がうまく働かなかったので、夜はじめじめして寒かった。ジェイクとフローレンスにとって、寒さはなんとかしのげたが、小さなポールには冷気は厄介だとわかった。案の定、翌日ポールは悪い風邪にかかった。土曜日までに、ジェイクとフローレンスは、ポールのどこが悪いかを知るために米軍の病院を探し出した。

軍の医者はポールを丁寧に調べた。重い病気ではなかったが、一週間入院したほうがいい、と家族に告げた。病院は家より暖かいだけでなく、医療スタッフがいつでもポールを見ることができるからだった。最初フローレンスはこの考えに反対した。フローレンスは自分の子を一日たりとも一人にしておきたくなかった。一週間なんてとんでもないと思った。後で思い出すと、これは日本でディシェイザー家族が経験する多くの信仰の試みの、まさに始まりだった。

ジェイクとフローレンスは、現在の状況とポールを軍の病院に入院させることについて祈った。ジェイクはこう述べている。「その時イエスのみ心を知り、イエスが私たちと私たちの問題をすべて知っておられることを実感できて良かった。私たちは命をイエスにお任せし、すべてをゆだねた。試練の時が来たが、私たちは後戻りしてはいけない。」ジェイクはその時、ルカの福音書9章62節を思い出した。それにはこう書いてある。「だれでも、手を鋤につけてから、うしろを見る者は、神の国にふさわしくありません。」ついに、ジェイクとフローレンスはポールを病院の医者と看護婦にまかせることにした。

ポールは病気で入院していたが、ジェイクとフローレンスはスケジュールに従って進めた。これには、初めて日本の女性の自宅を訪問することも含まれていた。日本の一般市民の家に招かれるということは一大事件だった。このことはフローレンスにとって印象に強く残るものだった。フローレンスはこう書いている――私たちはその家に着くと、ノックすることもドアベルを鳴らすこともしませんでした。その代わり「ごめんください」と呼びかけました。これはよその家に入る時に使う言葉です。日本人の女性が戸を開けた時、握手はしませんでした。その代わり、女主人はひざまずき、頭を床につけてお辞儀をしました、

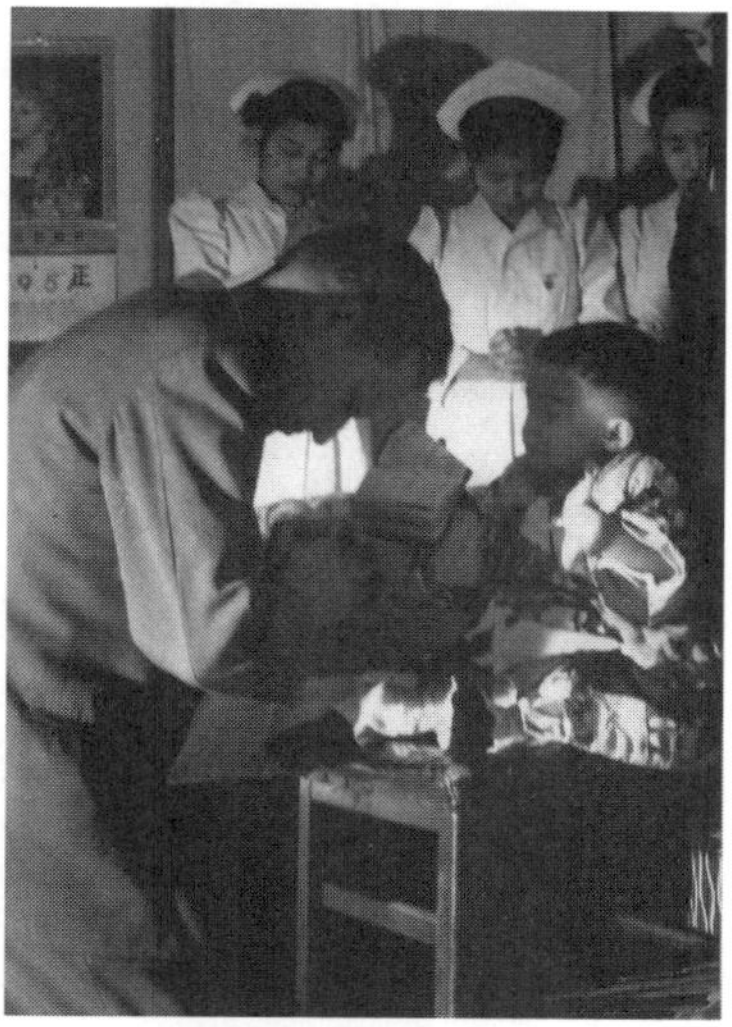

病院で祈るジェイク

と。家の中に入る前に、ディシェイザー夫妻は靴を脱ぎ、脇へ置いた。中へ入ると、家の中には飾りはほとんどなく、家具もないことに、フローレンスは気がついた。そして椅子の代わりに、ディシェイザー夫妻は床の上の敷物に座るように迎え入れられた。二人は家がなんと小さいことかと驚いた。フローレンスによると、家はかろうじて立てるくらいの大きさだった。女主人は二人にお茶とお餅を出した。お餅は粘着性のもので、ついた米を海草で包んであった。二人はお茶を飲み、女主人が出してくれた茶菓子をなんとか胃袋へ収めた。

苦悩に満ちた最初の一週間が過ぎ、フローレンスはポールに会いに病院へ戻ることができた。ポールの状態は、ペニシリン注射を打った後、劇的に良くなっていた。同じ土曜日に、ジェイクは東京の二つの教会をあわただしく訪問した。そのうちの一つで、ジェイクは織田金雄博士に紹介された。織田博士はシアトルパシフィック大学を卒業した生粋の日本人だった。織田博士はジェイクが日本で話をする時に、通訳を務めることになった。二人は良い友人となった。

通訳者を通して語るということは、ジェイクにとって新しい経験だった。ジェイクは、個人的なあかしをするのが上手になってきたと思った。自分の物語をあまりにも多くの回数話したので、そうすることが、ジェイクの習性となった。しかし、話を始めると難しさを感じた。それは、自分の話したことを通訳者が翻訳するまで、待たなければならなかったからだ。そのためジェイクは時々、自分の思考の流れが途切れてしまうことがあった。織田博士が通訳者の時だった。ジェイクは、自分が日本の教会であかしができるのだという思いに圧倒された。ジェイクは聖霊に満たされてこう語った。「私たちには、預言者の言葉とイエス・キリストの死からの復活という証拠があります。これらは、聖書が救いについての神のご計画を啓示するものだという決定的な証拠です。私たちは自分で自分を救うことができません。しかし、もし私たちがイエス・キリストを受け入れるなら、救いに必要な力は天から与えられ、私たちは神の子になるのです。」

メッセージを真剣に聞こうとする日本人の態度に、ジェイクは驚いた。日本の人々は確かに、日本へ戻って来た夢想的なアメリカ人に好奇心をそそられた。本当に彼らは、ジェイクと家族についてすべてを知りたいと思っていた。赦しの概念を理解することができないので、たぶん日本人は当惑したはずだ。日本の文化では名誉に高い価値が置かれる。名誉は一種の誇りであって、個人の名誉、家の名誉のような形で現れる。もし名誉が傷つけられる、あるいは損なわれることがあれば、その悪を正すのは、その不名誉を被った人の義務だった。封建時代の日本では、特に上流階級や武士の間では、これが流血の抗争に繋がることがあった。この抗争

日本で最初の説教の後

は時には何世代にもわたり、家の名誉を回復するまで、殺害が繰り返された。この名誉を重んじる極端な例は、第二次世界大戦中に、日本人の兵士と遭遇したアメリカ人が目撃するところとなった。アメリカの兵士に捕らえられるよりもむしろ、日本人の兵士は自決することを選び、自分と日本国の名誉を守った。

ジェイクの話を聞いた日本人は、収容所で自分の名誉が損なわれたことに対して、ジェイクが怒りや復讐心を示さなかったことに、たぶん驚いたはずだ。何人かの看守はジェイクを人間以下の野獣と同様に扱った。ジェイクは飢え、拷問され、何か月も独房に監禁され、腐った食べ物を与えられた。ジェイクの三人の仲間は処刑され、他の仲間はジェイクと同様のひどい扱いを受けた。ジェイクの話を聞いていた日本の人々は思った。何があっても、ジェイクの心は憎しみと復讐心でいっぱいだろう、と。ジェイクが憎しみも復讐心もないと言った時、日本人の心にある疑念はかえって明確になった。一方、ジェイクの心はキリストの愛で溢れていた。

ジェイクは赦しのメッセージを語った。この赦しの概念は、話を聞いていた日本人にはまったくなじまないものだった。

ジェイクがキリストの愛と赦しのメッセージを語るのを聞いた人々は、おそらく、それが心からのものかどうかを裏付ける証拠が必要だと思っただろう。ジェイクが自分で語ったことを実践していると、どうしたら確信できるだろうか。確かに、言っていることは素晴らしい。そして確かに、ジェイクは日本に来た。しかし、聴衆の中にはそれ以上の証拠を求める疑い深い人たちがおそらくいただろう。ジェイクが正直かどうかに疑いを持つ人がいたとすれば、一九四九年一月のジェイクの行動はその疑いを晴らすものとなった。

ジェイクと家族が大阪へ向かおうとしていた時、家族は、ジェイクに終身刑を宣告した裁判官が東京裁判において死刑の宣告を受けたことを知った。その裁判官の父親はジェイクを見つけ出し、そのニュースをジェイクに個人的に知らせた。ジェイクはこの判決を容認することができなかった。そして、その裁判官を赦すように働きかけた。ジェイクはこの判決は復讐であって、日本に平和の基礎を敷くことにならないと確信した。ジェイクはこの裁判官に対する恩赦を得るために、可能なあらゆる手段を講じた。しかしジェイクの努力は実らなかった。裁判官の父親は落胆した。しかしその父親は、収容所へ入れる宣告をした男を進んで救おうとしたジェイクに感謝の意を表した。その父親は贈り物として、おいしい干し柿と羊羹をジェイクに渡した。羊羹はジェイクの家族が大好きな日本の甘い食べ物だった。この出来事の後、ジェイクが偽りのない人間だということに疑念を持つ人はほとんどいなくなった。ジェイクは出会ったすべての人の個人的、霊的な健康と幸せを願う誠実な人物だった。日本におけるジェイクの宣教師としての人生が、まさに始まったのである。

第13章　主の働きをする

しかし、神に感謝します。神はいつでも、私たちを導いてキリストによる勝利の行列に加え、至る所で私たちを通して、キリストを知る知識のかおりを放ってくださいます。

——コリント人への手紙 第二 2章14節

一九四九年一月十二日、ディシェイザー家族はついに、荷物と一九四八年型の黒のシボレー・スポーツクーペを受け取った。荷物と車が来るのに少し時間がかかったが、家族は嬉しかった。日本に着いた時、ディシェイザー家族は吉木さんという名前の紳士に会っていた。吉木さんは、ディシェイザー家族が自分の家の二階に住めるようにお膳立てをしてくれた。吉木さんは大阪で木工業の工場を経営していた。ディシェイザー家族の乗った船が日本に着いた時に、四八〇キロ以上の距離を、車を運転して会いに来てくれた。吉木さんは、ディシェイザー家族に対して、大阪でできるだけ快適に暮らせるようにしたいと言った。吉木さんはディシェイザー家族に、自分の家族を紹介した。紹介された吉木さんの家族とは、彼の母、妻、二人の息子、二人の娘、そして息子の妻だった。この家では、人との交わりがないことを心配する必要はなかった。さらに興味深かったことは、吉木さんはクリスチャンではないのにもかかわらず、宣教師家族を自分の家族のように受け入れたことだった。

頭上には屋根があったが、この家を自分たちの家庭にするために若干、手を加えなければならなかった。まず自分たちの台所を設備しなければならなかった。その設備にはアメリカから持ってきた石油ストーブが含まれた。吉木さんは親切にも、フローレンスのために食器棚を作ることを申し出た。フローレンスは喜んで受け入れた。シャワー設備は一階に設置された。それは木製の桶に毛が生えた程度のもので、水を温めるための小さな電気装置があった。寝室はすべて日本式だった。床の上に畳が敷かれ、戸は引き戸（襖）だった。

ディシェイザー家族は、新しい家について、適応しなければならないことがたくさんあった。小さなことでは、人が歩く時に発生する、木製のサンダル（下駄）の雑音があった。どこにいても、絶えず、木製サンダルのカタカタという音が聞こえた。もっと顕著な変化は、食料などを買いに店に行った時に気がついたことだった。ある物、例えば鳥の唐揚げは日本では安く手に入った。しかし牛肉やスープを見つけることは容易ではなかった。特に牛肉はとても高

スピーカー付きの車で伝道すると人々が集まってきた

価だったので、ディシェイザー家族は特別な日にだけ食べようかとさえ思った。彼らは米軍の身分証明書を得て、軍の販売部や駐屯地の売店で配給品を買えるようにならないかと思った。

日本で黒のシボレーを運転すると、アメリカでは考えられないような冒険に遭遇した。アメリカ製なので、日本の左側通行の道路では、ハンドルの位置は当然反対側になった。それに加えて、車のサイズは狭い日本の道路には大きすぎた。その結果、幾つか問題が生じた。まず第一に、黒のシボレーは、しばしば他の車の運転者を道路の外へ追い出し、相手を恐怖に陥れることだった。第二に、狭い道路の角を曲がれないことがしばしば起きた。その時は狭くて急な角を曲がるために、人力で車を持ち上げ、押さなければならなかった。

車のおかげで家族はどこへでも行きたいところへ行けた。またジェイクの伝道の働きにも役立った。車の屋根の上にはスピーカーが付けられ、バッテリーに繋がっていた。この眺めは大阪に住んでいる人々の興味を引いた。ジェイクと家族は車を運転しながら、このスピーカーで福音を説いた。ジェイクは人々の注目を集めた。車の周りに人が集まると、フローレンスは、後には子どもたちも加わり、小冊子を興味を持った人々に配った。二人は、自分たちの家で開いていた聖書とキリスト教の学びのクラスについて、時間と場所の宣伝をすることもできた。

数週間経つと、ジェイクもフローレンスもとても忙しくなった。ジェイクは大阪の諸教会で話をする日程を作った。フローレンスは家の二階で聖書の学びを始めた。すぐに、家は活動のにぎやかな中心になった。特に、夕方は人が二人に会いに来るので忙しかった。二人はＳＰＣで日本語を勉強してはいたが、日本語で会話をするのは二人にとって困難だった。ジェイクとフローレンスは、この言葉の問題をなんとかするために、ニシダさんという男性を見つけた。ニシダさんは合衆国憲兵隊の日本代表の通訳として働いている人で、ジェイクとフローレンスが家で集会を開く時に助けてくれた。

若い家族が慣れなければならないことがあった。それは、宣教師の生活にはプライバシーがないということだ。医者と同じように、宣教師はいつでも呼ばれればすぐ応じなければならなかった。フローレンスはこう書いている。「日本のこの場所では、プライバシーというようなものはありません。毎晩、夕食が済むとすぐに人が姿を見せます。……そして家族全員が聖書を持ってやって来て教えてほしいと言います。」多少、不自由ではあったが、フローレンスとジェイクは喜んで人々の願いを受け入れた。二人は、人々が熱心にキリストのメッセージを聞いてくれるのでわくわくした。

人々が大挙して現れる一方、絶えず言語の壁との闘いがあった。フローレンスはこう述べている。「私たちが日本語を憶えるのは、ほとんど不可能のように思えました。しかし、神にはどんなことでも可能です。」多くの学生がキリストのメッセージを理解しようと熱心だったが、英語の概念を日本語にどのように翻訳するかに多くの時間をとった、とフローレンスは書いている。このような困難があったが、ジェイクとフローレンスは、英語を話し、教えることがただ好きな人たちがいることがわかった。フローレンスは、日本語と英語の両方に堪能な一人の若者のことを思い出す。その若い学生はディシェイザー家族の事実上の通訳者になった。フローレンスはこう語っている――みんなで聖書を読み、私たちがなんとか伝えようとしたことを、彼が日本語に翻訳して人々に伝える時、彼の顔は輝いていた。神がまさにこのために、

どこへ行っても大勢の人たちがジェイクの話を聞きに来た

その若者を私たちに備えられたのだと思う、と。

日本到着後、数か月のうちに、ジェイクはおよそ二百か所もの異なる場所を訪ね、福音を宣べ伝えた。訪ねた場所は、教会、工場、学校、個人の家、公共の広場だった。集会で、ジェイクは慣れ親しんだ進め方をした。最初に、説得力のある自分の物語を語った。すなわち日本人が真珠湾を攻撃した時に感じた怒りと、なんとかして敵に復讐する機会を得たかったこと、そしてドーリットル空襲隊員になった後、捕虜になり、収容所の独房で教しを学んだことを話した。次に、ジェイクは聴衆に、キリスト教の基本的な教えを紹介した。ここでジェイクは、独房の中で胸に焼き付けられたローマ人への手紙10章9節の言葉を引用した。そしてジェイクは聴衆に、イエスは主であると告白し、神がイエスを死からよみがえらせたと心に信じるならば、永遠の命を得る、ということを話した。そしてジェイクは聴衆に、そのように決心するかどうかを尋ねた。聴衆がその時にした決心というのは、基本的には、信仰の一つとして受け入れるということだ。聴衆は、イエスは主であり神はイエスを死からよみがえらせた、と信じたのだろうか。これについてジェイクはこう述べている。「いつもたくさんの人が呼びかけに応じて、イエスを救い主として受け入れた。時には、工場で、ほとんど全員が手を挙げて、キリストが主であり救い主であると告白したことを示した。」

日本で伝道を始めてから、ジェイクはキリストの愛と赦しのメッセージで多くの人々の心を動かした。ディシェイザー家族にはおびただしい数の手紙が届いた。ジェイクは、これは自分の宣教の働きが日本人に影響を与えているしるしだと実感した。以下に示すものは若い女性が書いた手紙の例で、ジェイクの説教を聞いた後、自分の人生がいかに変わったかを述べている。

五月十六日、私はあなたがなさったメッセージによって新しい命を受けました。ありがとうございます。あなたが話をしている間、私はとても泣きました。戦争捕虜体験を通して、あなたは日本人に大変な憎しみを抱きました。あなたは残酷な扱いを受けました。収容所の看守の無知のために、不当な扱いを受けたと思います……彼らの野蛮な行為をお詫びする言葉も見つかりません。

しかし、あなたは私たちを赦してくださり、私たちを救うために日本へ来られました。神があなたの心に与えた愛を思うと、泣かずにはいられませんでした。クリスチャンになる前、私は体の弱い家族を支えなければなりませんでした。私には両親と三人の弟がいます。彼らは病弱でしたが私は健康でした。私は工場で工員として働きましたが、くじけてしまいました。三、四回自殺を試みましたが、失敗しました。自殺をやり遂げることができませんでした。私は日本の国に愛情を持っていませんでしたし、関心もありませんでした。

私はいつも神を憎んでいました。そして私は心臓脚気にかかってしまいました。私は仕事を辞めました。一週間後、回覧板であなたが話をしに私たちの町に来られることを知りました。私は集会に参加しました。そして五月十六日が私にとって、いつまでも記憶すべき日、革命的な日となりました。あなたによって、赤子が地上に生まれるように、私は生まれ変わりました。私は今、天国に生まれた子どもとなりました。

あなたがなさったことにとても感謝しています。私は希望に満たされ、将来を楽観的に見ています。

別の例になるが、若い日本の女性がジェイクの話を聞きに来た。その女性は、町で配られたパンフレットでジェイクのことを読んだ。そしてジェイクがドーリットル空襲隊員であったことを知り、ジェイクに会おうと決心した。彼女はキリスト教について質問するためにジェイクに会いたかったのではなかった。復讐するために会いたかったのだ。その女性の恋人が、ジェイクが関与した空襲で死んだのだった。それで、ジェイクの話を聞きに行き、隙があれば殺そうと思っていた。

その日、ジェイクは到着すると、いつものようにあかしを始めた。ジェイクはこう回想している。「驚いたことに、イエスの御霊によって、彼女は自分がしようとしていることがなんと悪いことかと示されたのだ。彼女は、イエスが与えたこの愛の御霊を求めようと心に決めた。神は彼女を素晴らしく助けられた。その時から、私は彼女を何回か見るようになった。彼女の優しい表情はイエスの力を確信させるものだった。それは憎しみの人生から愛の人生へ変える力であった。」

元捕虜収容所の看守とも交流が生まれた。そのひとりアオタは、ジェイクに聖書を差し入れた人だ。

一九四九年春に、ジェイクは別の素晴らしい経験をした。それは大阪の戦略研究局（ＯＳＳ）劇場でのことだった。ジェイクはそこで話をすることになっており、とても興味深い聴衆が集まった。聴衆は、戦争で愛する人を失った人々と、日本の収容所の元看守たちだった。ジェイクは話を終えた後、聴衆を通り抜けようとした。人から人へ移動していた時、後ろのほうにいる人が気になった。近づいてみると、すぐにその顔がわかった。クドウ大尉だった。たちまちジェイクに当時の記憶がよみがえった。

彼はジェイクが独房にいた時の看守の一人だった。ジェイクが回心する前、ジェイクとこの看守は反目していた。ジェイクは、クドウ大尉が独房の戸を閉める時にジェイクの足を挟んだ事件を思い出した。ジェイクは彼に、「うるさい。あっち行け」と言い、ひどく腹を立てたことがあった。クドウ大尉は、回心した後ジェイクに起こった変化を直接、目撃していた。ジェイクが独房でクリスチャンになって、いかに新しい人物に変わったかを、彼は憶えていた。ジェイクは落ち着いていた。怒りは消えていた。敵意ある言葉を発する代わりに、ジェイクはクドウに、「オハヨウゴザイマス」と日本語であいさつしたのだった。

ジェイクは近づき、手を差し出した。悪い感情をいっさい持ちたくなかった。握手した時、ジェイクは大きく微笑んだ。すると彼は、自分で聖書を読んでいることを告げた。短い会話の後、彼が自分一人でキリスト教について学んでいることを聞いて、ジェイクはとても嬉しかった。この経験に感動して、ジェイクはこう言った。私たち二人は悲惨な戦争で苦悩を経験したが、今は「私たちがなすべき正しいことは、赦すことであり、互いに愛することであり、互いの幸せのために共に働くことであることを知っている」と。

その夏遅く、ジェイクは重要な知らせを受け取った。天皇の弟の高松宮に謁見することが認められたことだった。会見場所は東京になるので、家族は大阪の家から移動しなければならなかった。大阪から東京へは車で、日本の東側の海岸線に沿って旅行した。これはディシェイザー家族にとっては、日本の美しい田園地方を見るよい機会となった。フローレンスは、手紙の中で、周囲のことにとても興味を覚えたことや、ドライブについて詳細に書いている。道路の脇では、男たち、女たち、そして子どもたちが収穫した麦を、重い木槌や棒や石で叩いている光景を目にした。人々は麦の収穫をとても急いでいた。それは雨の時期が急速に近づいていて、稲を早く植えなければならなかったからだった。

家族が移動するにつれ、雨が強く降り始めた。農民たちは田畑にそのまま いた。というのは彼らが着ていたわらの帽子とコートが雨に濡れるのを防ぐので働くことができたからだ。雨がやむと、農民たちは稲をもっと広い田へ植え替え始めた。その広い田は水でいっぱいになっていた。人々はその田の中で膝まで、場合によっては腰まで浸かっていた。フローレンスは、男たちのある者は牡牛に引かせた粗野な鋤を使い、別の者は簡単な鍬を使って地面を耕しているのを見た。この光景を見て、フローレンスはこう思った。「もしこの人たちを数日間、アメリカへ連れて行って、トラクターや他の農業機械や、広い農場を見せたら、何というかしら。」フローレンスは後になって知ったが、日本の農民は、穀物を育てるのにたった一千二百坪から二千四百坪の土地しか所有することを許されなかったのだ。これは決して大きな面積とは言えなかった。しかしそんな狭い土地からなんとたくさんの収穫を得るのかと、フローレンスは驚いた。

東京に着くとすぐに、ジェイクは高松宮に謁見した。ヒル大佐と金田牧師がジェイクに同伴した。三人はほぼ二時間、謁見した。この間、ジェイクは今や有名になった自分の物語を語り、高松宮にあかしをした。話を終えた後、ジェイクは高松宮に、天皇と個人的な会見が可能かどうかを尋ねた。大胆な発言だったが、ジェイクはぜひ実現したかった。ジェイクは日本人が神と信じていた重要な人物に、キリスト教の信仰を伝えたいと思っていた。もし天皇を改宗させることができれば、大きな道しるべになる、とジェイクはたぶん考えていたのだ。高松宮は、「それはどうでしょう」と言って、丁重にジェイクに応えた。あいにく天皇はジェイクに私的な謁見を認めることはなかったが、ジェイクはできるだけ多くの日本人に会い、自分の働きを続けた。

高松宮との会見が終わった後、ジェイクは多くの宣教師が中国から日本に来ていることに気がついた。彼らと話をして、共産主義者がキリスト教の宣教師を全員追い出したことがわかった。ジェイクとフローレンスは、宗教の自由に対するこの弾圧を、何かもっと悪いことが起こる前兆であると思った。フローレンスは心配になった。というのは、「共産主義者たちは、私たちが考えているよりもっと早く日本を占領しようとするかもしれない」と思ったからだった。実際、日本の共産主義者たちはすでにデモをやり始めており、日本の一般大衆を目標にして、ジェイクと競合する関係にあった。状況は不透明だった。共産主義者がデモをし、時にはデモが暴力行為や混乱につながるので、警察は秩序を維持することに懸命だった。一九四九年の夏、東京のような大都市では毎週のようにデモが行われていた。

何千人もの日本人引き揚げ者が、ロシアとシベリアから戻って来た。彼らはロシアとシベリアの再教育収容所で生き延びてきた。再教育収容所から戻った人たちは共産主義とマルクス主義の思想を吹き込まれていた。この共産主義マルクス主義は、ジェイクが教えていることとは相容れない世界観を提供していた。フローレンスは、日本のあらゆる年代の多くの日本人がこの新しいイデオロギーを受け入れている、と悲しそうに記している。フローレンスは、両親が共産主義者となった、ある若い女性について語っている。この若い女性はフローレンスの聖書の学びのクラスに来ており、最近、クリスチャンになる決心をしたのだ。もちろん、フローレンスとジェイクは大喜びだった。しかしある日、その女性がディシェイザー家に来て、自分がクリスチャンになることを両親は許してくれない、と語った。女性の両親は筋金入りの共産主義者で、娘に対して、宗教は完全な社会を実現するための障害になる、と言った。さらに、宗教はアヘンであって、資本家階級が労働者階級を抑圧し弾圧するのに用いるものだ、と言った。ジェイクもフローレンスも、共産主義とそれが支持する過激な無神論は、二人が説く信仰と愛のメッセージに対する挑戦であることを知った。しかし二人は、キリストの力が人々を信仰に導くという希望を決して失わなかった。

共産主義が都市に広まり、日本経済が悪化していく状況にあって、ジェイクの話を聞く人々に変化が表れたのをジェイクは気がついた。日本に到着した後、ジェイクのメッセージの中心は、獄中でキリスト教に回心した話だった。日本の人々は、どうしてジェイクが自分の敵を赦すようになったかに関心があった。夏が近づいて来ると、ジェイクの回心の経験についての質問は少なくなった。人々は個人的な救いについてのメッセージにもっと関心を持つようになった。こんな質問が起こった。「救われるとはどういう意味ですか」、「人の魂はどうして救いを必要とするのですか」、「人はどのようにして救われるのですか」。

ジェイコブとフローレンスは、世の中に不穏な傾向があることに気がつき始めた。ジェイクの話を聞きに来た多くの人たちは、自分たちの命を大事に思っているようには見えなかった。ジェイクやフローレンスと一対一で話をする時、ある人はこう言った。生活がとても大変なので生まれてこなかったらよかったと思う、と。実際、経済的に困難な状況のために、多くの人が窮状に追い込まれていた。ジェイクと会ったある若い女性は、家族を養うために売春婦にならざるを得なかった。売春を数か月間続けた後、その女性は神経衰弱になり、自殺を三回試みた。その度に家族のことを思い出し、自分が自殺したらどんなことが家族に起こるのだろう、と思った。その女性はジェイクのメッセージを聞いた後ジェイクのもとに来て、どうしたら人は救われるのか、と尋ねた。

その女性は、救いがもたらす希望に飢えていた。ジェイクは女性と長いこと話をし、救われるということはどういうことなのかを説明した。この女性は救いのメッセージに飢えている人々の一人にすぎなかった。その時ジェイクは実感した。収容所の体験より、救いのメッセージにもっと力を入れて説教する必要がある、と。ジェイクは、自分の話を聞きに来るたくさんの人々は、自分が救いについて語ることを望んでいるのだ、とわかった。キリストを主として受け入れたすべての人に、キリストは何を約束しているかを人々に語らなければならないのだ。

この忙しい時期に、ジェイクは、『日本の空襲者から日本の宣教師へ（*From Japanese Raider to Japanese Missionary*）』という題の本を書き始めた。この本の中でジェイクは、自分の回心の経験を語り、さらにキリストの救いとは何を意味するのかということについての話を載せた。ジェイクは一九四九年の夏の間、この本の執筆に時間を費やした。そして本は同じ年の九月に出版された。一万部以上が日本語に翻訳され、成長しつつあった日本のクリスチャンの人たちの間で評判となった。家族がもっと忙しくなるようにといわんばかりに、フローレンスとジェ

次男ジョンが生まれて４人家族になった。

イクに新しい男の子が生まれた。一九四九年十二月に生まれた男の子は、ジョン・ダグラスと名付けられた。ポールに赤ちゃんの弟ができた。ジェイクもフローレンスも、家族に新しいメンバーが加わりとても喜んだ。

赤ちゃんが生まれて、ジェイクとフローレンスは日本語の学びに時間を費やすことが非常に難しくなった。二人にとって日本語はずっと障害となっていた。ジェイクは通訳者にあまり頼らずに話したいと思っていた。そうすれば人々ともっと自由に話ができるのではないかと思ったからだ。ジェイクは通訳者には感謝していたが、通訳というプロセスが入ると大事な物が失われるように感じていた。

一九五〇年一月、二人は日本語の学びを再開した。フローレンスは、困難であるが、いくらか前進している、と書いている。フローレンスはこう結論している。一つの問題は赤ちゃんのジョンが夜通し寝ないことだった。またジョンが泣き始めるとポールも加わり、すぐに二人が大声で泣き始めるのだった。そのためジェイクとフローレンスは夜、ほとんど寝ることができなかった。

ジェイクは日本語を学び、二人の息子を育て、そして説教をしていたが、さらに新しい働きを加えた。一九五〇年一月、ジェイクはダグラス・マッカーサー元帥とアメリカのキリスト教界にあてた小さな記事を発表した。それは死刑を宣告された四十人の日本人戦争犯罪人の処刑を中止させるための記事だった。ジェイクは、戦争犯罪人が行った残虐行為にもかかわらず、アメリカ合衆国に慈悲を示してほしいと思った。日本の新聞社から多くの記者がジェイクにインタビューに来た。ジェイクの嘆願はアメリカでも注目を集めた。ジェイクの記事は一九五〇年二月十一日、ロサンゼルス・タイムスに掲載された。「元飛行兵が戦争犯罪人を弁護する」(Ex-Airman Pleads for War Guilty) という見出しだった。

ジェイクは、アメリカ合衆国がキリスト教の徳を明らかにし、戦争犯罪人に寛大な処置をとることを望んだ。ジェイクは、アメリカのクリスチャンが「およそ四十人の戦争犯罪人にまで及ぶ慈愛を求める強い立場をとること」を要請した。ジェイクはこう信じていた。もし慈愛が示されたなら、「イエス・キリストとアメリカ合衆国のために偉大な勝利が得られる。アメリカ人は、戦争犯罪人は有罪であること、そして慈愛によってしか、この男たちの命は救われないことを知っている」と。ジェイクは、世界の指導的なキリスト教国として、アメリカ合衆国は「親愛、慈愛、そして正義を実践しなければならない」と主張した。ジェイクは、東ヨーロッパにおけるソビエトの拡張政策によって共産主義の影響が増大したことを引き合いに出して、世界は今こそ、信仰と希望と愛からなるキリスト教の徳を必要としていることを訴えた。さらにジェイクは、神は連合国に勝利を与えられたが、その勝利には敵に情け深い心を示すことが求められている、と主張した。ジェイクによれば、戦争犯罪人を処刑することは復讐することと同じで、復讐は復讐を生み、和解の成立を妨げるものだった。ジェイクは、アメリカ人の同胞が四十人の命を救うために「マッカーサー大将とトルーマン大統領に寛大な措置を求めること」を要請した。

不幸にも、ジェイクの慈愛を求める願いは無視され、戦争犯罪人は後に処刑された。このジェイクの行為は、ジェイクがいかに誠実に、愛と赦しのキリストのメッセージに生きたかを物語るものであった。ジェイクは、自分を捕らえた者たちに腹を立て、復讐しようとする気持ちに駆られたこともあったかもしれない。しかし収容所にいる間に、ジェイクの憎しみは愛で置き換えられた。ジェイクとフローレンスの働きが日本の人々の助けになっていることを知って、ジェイクは強められた。二人の働きは前進したが、まだしなければならないことがたくさんあった。

第14章　断食と淵田美津雄

主よ。あなたの恵みと、あなたの救いとが、みことばのとおりに、私にもたらされますように。

——詩編119編41節

一九五〇年、世界の景色は変わり始めていた。連合国が第二次世界大戦後に描いていた永続する平和は長くは続かなかった。実際、戦雲が朝鮮半島を覆い始めていた。また共産主義のイデオロギーは広がりつつあり、アメリカが拡散を食い止めようとしたにもかかわらず、日本に浸透し続けていた。ジェイクは、共産主義とその宗教に対する敵対心は日本における自分の宣教活動の脅威になると感じていた。共産主義者たちが日本人を、若い人も年取った人も、いかにうまく丸め込み、自分たちの運動に引き込むかを直接目撃した。共産主義者たちは日本人に目的意識と、自分たちの困窮の意味を理解するためのイデオロギーを与えた。さらに日本人にスケープゴートを提供した。共産主義者たちは日本の人々にこう言った。あなたたちが苦しんでいるのは、資本主義、帝国主義の国があなたたちを支配しているからだ、と。戦争で荒廃した日本を再建するために、数百万ドルもアメリカ合衆国が支出しているという事実を無視して。共産主義者たちは、社会の病根をすべてアメリカ合衆国のせいにした。

ジェイクは、悪の力と思われるものが起こり、それが自分に敵対して働いていると実感した。日本を共産主義から救おうとするなら、ただちに行動を起こさなければならない。共産主義を追い払うためには、一つの奇跡、いや幾つもの奇跡が必要だと思った。ジェイクは、そのような奇跡を起こすには、熱心に祈り、断食することが欠かせないと感じた。

キリストの例にならって、ジェイクは四十日間の断食を始めた。しかし断食している間も、ジェイクは宣教活動を積極的に行うことをやめなかった。それはちょうど、修道僧のようだった。日本語の学びも中止しなかった。この四十日の間、ジェイクは事実上、飲まず食わずだった。最初の三日間、食べ物も水もなしで過ごした。友人の忠告を受け入れ、それ以後は、水は飲むことにした。しかし食べ物はいっさい取らなかった。ジェイクはマスコミの注目を集めるために断食したのではなかった。神が日本の霊的再生のために祈るように促している、と感じていたのだ。

キリスト教でいう断食は、霊的な鍛錬を意味する。神に、より近づくために断食をする。身体に食べ物と飲み物を絶つことによって、人間はいかに神に依存した存在かを知るようになる。断食が長くなると、仕事に出るような日常の活動や、祈るような霊的な活動において、集中力、注意力を維持することがますます難しくなる。このような困難があるにもかかわらず、断食している当事者は、自分の祈りがますます熱烈になり強くなることがわかる。ジェイクはこのような祈りをしたかった。それこそ日本が今、必要としているものだと感じたためだ。

仲間のクリスチャンもクリスチャンでない人たちも、ジェイクの断食に感動した。日本の大手新聞のある記者は、ジェイクの仲間の、ユース・フォー・クライストのボブ・ピアスに、デイシェイザーの断食は日本の人々の心に深い影響を与えた、と語った。その記者は、ジェイクが宣教師として日本に戻って来たことによって、すでに日本人から尊敬を得ている、と話した。ジェイクは日本人のために断食をしていた。それは日本人が共産主義の脅威にさらされていると実感したからだった。日本人は、仏教の僧侶が断食することは見慣れていたが、外国人の宣教師が自分たちのために断食するのに出会ったことがなかった。その結果、日本の人々はジェイクにとても好意を持つようになった。多くの日本人は、キリスト教を理屈では理解していなかったが、ジェイクが好きだった。それは日本人が、ジェイクの行いを通してキリストのメッセージを受け取っていたからだった。

断食が終わると、ジェイクは大阪で、ユース・フォー・クライストの集会を組織するために力を尽くした。ジェイクはその集会を計画立案するために、疲れを知らぬ働きをした。集会のために何千部ものチラシや小冊子を配るだけでなく、多くの時間をかけて、車で集会のアナウンスをして回った。下手な日本語で、集会に参加するように人々に勧めた。ジェイクは、主が必ず多くの人をその集会に送ってくださると感じて、大きな公会堂を借りることにした。その集会の夜、ジェイクは目の前の光景を信じることができなかった。三千人を収容できるその公会堂は満員だった。公会堂の中に入る余地がないため、外に人が溢れてスピーカーに耳を澄ましていた。ジェイクが話をし、織田博士が通訳をした。ジェイクは、これは大変なことが起こったのだと思った。何百人もの若者が講壇に歩み寄り、キリストを受け入れた。そしてその晩、洗礼を受けた。ジェイクは参加者の数を知って大喜びした。断食したことで働きに勢いがついたのだと感じた。地方新聞は、「かつて見たことのない最も大きなキリスト教の集会」と報じた。

神がジェイクの祈りを聞かれた別のしるしは、真珠湾攻撃の総隊長だった淵田美津雄との出会いとして現れた。この出会いについて述べる前に、淵田が信仰を持つまでにどのような旅路をたどったかを調べる必要ある。その旅路が、二人の元兵士をキリスト者の交わりへと導いたのだ。

淵田美津雄は一九〇二年十二月三日、父・弥蔵と母・シカの間に生まれた。父の弥蔵は奈良の田舎で育ち、市ヶ谷の陸軍士官学校に入りたいと思っていた。しかし入学前に野球の試合で左目の視力を失い、そのため陸軍将校になる機会を失った。このような不運にもかかわらず、弥蔵は心にわだかまりを抱くことなく、教師の道を選んだ。そして、後に上牧《かんまき》小学校の校長になった。しかし心の中では、自分の息子の誰かが軍人になり将校を目指すことを望んでいた。

勤勉さと猛勉強によって、淵田は一九二一年八月二十七日、江田島にある海軍兵学校に入学を許された。江田島は呉海軍基地に面した瀬戸内海の小島である。淵田の心は喜びで踊った。そして美しい基地の景色を見て、ロシアに勝利した東郷平八郎のような司令官になりたいという大志を抱いた。淵田は優秀で、良い成績を上げた。兵学校を卒業する時、どの分野に進みたいかを決めなければならなかった。アメリカ海軍のオフィサー・エフェクティブ・レポートのような会議で、上官はこう尋ねた。「どの分野を専門としたいか。砲撃か、機雷か、航行か、通信か、それとも潜水艦か。」そのリストには飛行士はなかった。

淵田は丁重にこう言って答えた。「いえ……私は飛行士になりたいのです。」一年経過した。

カワムラ大佐が淵田を自分の部屋へ呼んだ。カワムラ大佐は微笑しながら挨拶し、こう言った。「大尉、君は飛行士になりたいそうだね。素晴らしいことだ。これからは、君のような有能な若い士官は航空隊へ行くべきだ。これからは航空隊が主要な攻撃部隊になるだろう。」

航空隊は確かに日本の攻撃部隊になった。何年か経ち、淵田は真珠湾攻撃の総隊長に選ばれた。真珠湾の奇襲攻撃によって、アメリカの艦隊を戦争ができなくなるほど完膚なきまでに破壊できると日本は考えた。その時まで、日本は戦争を避けていた。攻撃の日の朝、淵田はその日に備えて集結した海軍の大航空兵力から選抜した三百五十三機の機動部隊を率いた。飛行隊が真珠湾に急行した時、淵田は、米軍が自分たちの飛来を察知したかどうかに目を凝らしていた。機動部隊が奇襲攻撃に成功したことを確認すると、淵田は「トラ！ トラ！ トラ！」と叫んだ。これは奇襲攻撃を達成したことを意味する暗号の言葉だった。

日本の機動部隊はアメリカ艦隊への奇襲攻撃をやり遂げた。淵田は、自分と部下がそのような豪胆な試みを成功させたことに誇りを覚えた。しかし、それが破壊した船と飛行機、そして死に傷ついた男たち以上のものを後に残したことに淵田が気づいたのは、何年か経ってからのことだった。彼はまた、自分と部下が投じた火によって一致団結した国——アメリカ合衆国をも後に残してきたのだ。合衆国は、日本があの朝に行ったことの償いを完全にするまでは手を緩めることはないのだ。

真珠湾で勝利した絶頂の時から、後に淵田はどん底の時を味わうことになった。それは太平洋で日本軍がアメリカ軍に連戦連敗したからだ。レイテ沖海戦からミッドウェイ、硫黄島、そして沖縄と、合衆国は太平洋を再び支配し、日本側を打ち倒した。淵田は打ち砕かれた。彼は心の底から日本の動機は正しいと信じていた。どうして日本の偉大な軍隊がアメリカに負けたのだろうか。このような思いで心は消耗した。淵田は妻と二人の子どもを連れて、故郷の奈良県の丘陵地帯に引っ込み、素朴な生活を始めた。

奈良県で淵田は小さな農家になった。貯めていたお金で一千二百坪の土地を義理の父から買った。その土地でくたくたになって働き、苦悩を味わった。軍人だったので、淵田には農家がどんなものか皆目わからなかった。しかし、くじけなかった。家族のために生活費を稼ぐと心に決めた。不退転の決意で懸命に働けば、かならず報われると信じた。夜は本や小冊子を読んで時間を費やし、大工仕事、養鶏、園芸について勉強した。淵田は穀物を植え、鶏を飼育した。重労働は報われつつあるように見えた。次には家族のために家を建てることを計画した。

建築や大工仕事の実務経験はなかったが、名案があった。建築関係の本をたくさん読んで、家は南東十五度に向けるとよいことを知った。これは冬に太陽の光が最も多く入り、夏の間、太陽の直射日光を防ぐためである。淵田は方位磁石を持っていなかったが、かつて空母の甲板に立ち、六分儀を使ったことが何回かあった。ある晴れた夕方、淵田は二人の子ども、善彌《よしや》と美彌子《みやこ》を、家を建てたいと考えている場所へ連れて行った。善彌に長い棒を持たせ、北極星と棒が一直線に並ぶようにし、美彌子を善彌の後ろに立たせた。淵田は二人の子どもを六分儀代わりに使って、北の方角を決めた。そして家の向く方向に印を付けた。

その時まで、淵田は好戦的な無神論者ではなかったが、決して霊的な男ではなかった。自分も宇宙の一部であると単純に受け入れていたが、何が宇宙を動かしているかについて考えたことはなかった。今、輝く夜空を眺め、北極星を見て思った。「なんと変わらずに、なんと美しく、そしてなんと役に立つことか。」至高の知性（神）の働きを思い巡らし始めた。「その夜、私の畑で、神は私の心に来られた」と、淵田は厳粛に語っている。

家の建築と農業を続けながら、淵田は、自分の戦争経歴に神が介入されたのではないかと、まじめに思った。「戦争の間中、神は私の命を守られた」と思いにふけった。なぜだろうと思った。神は自分に何かの使命を与えようと考えておられるに違いない、と淵田は結論づけた。その使命がなんであるか、今は自分にはわからない。しかしこの夜空の輝きを創造された方は、決して目的なしに何事もなさらない方だ。

「春の奇跡」から「冬の忍耐へ」季節が移り、淵田は啓示を受けた。「私はゆっくりと理解し始めた。すべてのものが創造主である神に依存していることを。そして、自分が神の恵みの下で生きていることを。私は種を蒔き、苗木を植え、この手で水をひくことができる。しかしこれらすべては、思いやりがあり、洞察力のある創造主の博愛の心から来ている。」淵田は自分の能力に頼る厚かましさと、自分自身を頼りにする傲慢さを恥じた。自分は植物と同様に創造主によって生かされ、成長することがわかり始めた。そして自分が持っているどのような能力も、神に依っていることを理解し始めた。淵田は畑で働きながら思索した。創造主はなんと素晴らしいことかと。

季節の移り変わりを受けて、神の存在について考え始めたが、その時期に淵田は二つの経験をした。その経験によってキリスト教に近づくことになった。最初の経験は一九四七年春のことだった。戦争犯罪裁判の影響を受けて、淵田は、アメリカ人も日本人の戦争捕虜を虐待したという証拠を見つけようと決心した。自分の主張を裏付ける証拠を集め、次回の法廷に出席し、裁判官にこう言ってやりたかった。「さあ、これが、あなたたちがやったことだ。あなたたちも捕虜を虐待した。あなたたちも裁かれるべきだ。」

淵田は新聞で、百五十人の戦争捕虜が合衆国から日本に戻ることを知った。その戦争捕虜を訪ね、彼らの口からアメリカ人にひどい扱いを受けたという証言を得ようと決心した。淵田は横須賀の近くの浦賀港にある受け入れ施設へ行った。釈放された捕虜は、アメリカ海軍の輸送船から浦賀港で下船することになっていた。戻って来た戦争捕虜たちは、疲労し、病気になり、傷ついているようだった。淵田は彼らに、不当な扱いを受けたかどうか、虐待されたかどうかを尋ねることができなかった。

捕虜たちの中に、知っている顔を見つけた。カネガサキカズオ中尉だった。カネガサキ中尉はインド洋作戦で淵田と一緒だった。空母飛龍の技術補佐官で、ミッドウエイ海戦で戦死したと思われていた。淵田はカネガサキに手を振ってこう言った。「みんな、君は死んだと思っている。東京の青山墓地に、君の栄誉を称えて墓石が立てられている。」淵田はカネガサキと、互いの消息について語り合った。そして、カネガサキがスイス人によってアメリカ当局に引き渡されたことを知った。

淵田はカネガサキに自分が浦賀に来たわけを話した。戦争犯罪裁判のことを話し、その裁判はとても公正でないことを話した。淵田はカネガサキに、アメリカ人によって不当に扱われた捕虜を知っているかどうかを尋ねた。少なくとも自分は不当な扱いを受けたことはなかった、とカネガサキは答えた。彼は淵田に感動的な話をした。終戦直後、収容所に十八歳くらいのアメリカ人の少女がボランティアのソーシャルワーカーとして来た。その少女は労を惜しまず親切に日本人に奉仕した。少女の名前はマーガレット・コベルといった。男たちは、少女の友人が呼ぶように、彼女を「ペギー」と呼んだ。彼女は日本語を話せなかったが、男たちは知っている英語を使ってなんとか彼女と会話していた。「もし不愉快なこと、必要なことがあったら、知らせてください。できる限りのことをします」と彼女は言った。

少女は誠実に捕虜たちの世話をしたので、捕虜たちは当惑した。少女が収容所に来てから三週間くらい経った時、男の一人が、「どうして君はわれわれにそんなに親切なのか」と好奇心を持って尋ねた。

「日本の兵隊が私の両親を殺したからです」と少女は答えた。

捕虜たちがびっくりして少女を見つめると、彼女は説明を始めた。少女の両親は宣教師で、戦争が始まる前は横浜のミッションスクールで教えていた。戦争が勃発する直前に、コベル夫妻はマニラに引っ越した。マニラなら安全だと思ったからだ。日本軍がマニラを占領した時、両親は北部の山岳地帯のバギオに逃げた。そして、アメリカ軍が日本軍をマニラから追い出すまでそこにいた。日本軍はその山岳地帯へ逃げてきた。そこで日本軍は宣教師夫妻を発見し、所持品の中に小さな携帯ラジオがあるのを見つけた。日本人はそのラジオを秘密の通信装置と勘違いした。日本人は宣教師夫婦をスパイとして有罪を宣告し、二人の首をはねた。

アメリカ合衆国に住んでいたペギーは、両親の死を戦争が終わるまで知らなかった。最初、ペギーは日本人に対する憎しみでいっぱいになった。やがてペギーは、日本人に対する両親の無私の奉仕について考えるようになった。徐々にペギーは、死ぬ前に両親は自分たちを処刑する者を赦した、と確信するようになった。自分は両親のようにはできないのだろうか。ペギーは日本の戦争捕虜のために自発的に働き始めた。ペギーが慈善の精神と優しさを身をもって示したので、男たちは強く心を動かされた。彼らはペギーを純粋な気持ちで愛した。

話を聞いて淵田は言葉を失った。そして思った。「この素晴らしい話を聞いて、私は圧倒された。自分が恥ずかしかった。」自分は心に憎しみを持ってこの浦賀に来た。だがここで見つけたものは、自分にはとうてい理解できない優しさだった。

二番目の経験は淵田の回心の基礎となった出来事で、一九四八年十月の初めに起こった。淵田はアメリカの宣教師がチラシを配っているのを見た。その宣教師は淵田に一部渡した。淵田はぼんやり眺めていたが、見出しが注意をひいた。「Watakushi Wa Nippon No Horyo Deshita」(わたくしは日本の捕虜でした)。戦争捕虜のことが心を占めていたので、その場でチラシを読んだ。物語は真珠湾の話で始まった。次いで話は移り、ジェイコブ・ディシェイザーという名前のアメリカの軍曹が、どのようにしてクリスチャンになったかを語っていた。彼は日本の捕虜収容所にいる間にクリスチャンになったのだ。チラシはたった四ページの長さに過ぎなかったが、淵田にもっと知りたいという気持ちを起こさせるには十分だった。

列車に乗ると、たくさんの広告があったが、その中の一つが目にとまった。チラシと同じ題名がついている本の宣伝広告だった。その本の著者はディシェイザーで、日本語版が手に入るとあった。淵田は列車を降りると、近くに本屋を見つけ、一冊購入した。次の週、淵田は驚嘆しながら、表表紙から裏表紙まですっかり読んだ。

淵田はその本について繰り返し考えた。このディシェイザーという男は、母国を攻撃した日本人に腹を立てて兵士としてアメリカを後にした。この理屈には同情することができた。しかしクリスチャンになって、ディシェイザーは劇的に変わった。憎しみは愛で置き換えられ、自分を殴り、拷問した日本人に奉仕したいと思ったのだ。

淵田は読んだことを信じることができなかった。ディシェイザーの経験とペギー・コベルの経験は同じではなかったが、相通じるものがあった。この愛が憎しみに打ち勝った二番目の例は、淵田に強い衝撃を与えた。ディシェイザーは不屈の飛行士だった。その種の人間をよく知っていたし、自分もディシェイザーと同じ種類の人間だったと思った。淵田は聖書を読んで、聖書がどういうものなのかをすべて理解しようと決心した。

本当のところ、淵田はキリスト教を詳しく調べるというつもりはなかった。ディシェイザーという人物を理解したかっただけだった。実際、後になって淵田はこう認めている。もしディシェイザーが単なるアメリカ人の捕虜だったら、自分はたぶん、この件を追求しなかっただろうと。淵田の興味を引き付けたものは、ディシェイザーがドーリットル空襲隊の一人だったということだった。ドーリットル隊の偉業に感嘆していたのだ。

淵田は聖書を手に入れ、読み始めた。最初に読んだ時、引き付けられたのは新約聖書の道徳的なメッセージだった。山上の垂訓に共感を覚えた。しかし奇跡の話は理解できなかった。にもかかわらず、淵田は聖書を読み続けた。

一九四九年九月上旬のある日、淵田はルカの福音書23章に出くわした。初めて十字架の物語を読んだ。漠然と、イエスが十字架に釘づけされたことはわかったが、詳しいことはわからなかった。カルバリーの丘の光景が淵田の魂を貫いた。ルカの素晴らしい文章によって、カルバリーの光景が鮮やかによみがえったのだ。恐怖のまっただ中にあって、キリストはこう言った。「父よ。彼らをお赦しください。彼らは、何をしているのか自分でわからないのです」(ルカの福音書23章34節)。

確かに、この言葉はディシェイザーとペギー・コベルが示した愛の源泉だった。ひざまずき、まさに殺されようとした時、ペギー・コベルの両親はこのような言葉で祈ったであろう、と淵田は思った。「父よ。彼らをお赦しください。彼らは、何をしているのか自分でわからないのです。」突然、涙が目に溢れた。ついに淵田は、「長い長い放浪の旅」の終点に着いたのだった。

十字架につけられた時、イエスは自分を迫害する者だけでなく、全人類のためにも祈った。それは、イエスは二十世紀に生きている日本人である淵田のために祈ったということを意味した。この時、淵田はルカの福音書を読み終え、キリストを個人的な救い主として認め、クリスチャンになった。淵田にはクリスチャンの友人がいなかったので、回心したことを秘密にしておいた。しかし、大きな喜びが自分に染みわたり、新しい目的意識が与えられたことがわかった。淵田は聖書を、静かに考えながら読んだ。そしてこう語っている。「私は畑で働きながら、神、創造、季節の奇跡、成長する植物のことを思った。これらの事柄は私に畏怖の念を起こさずにはおかなかった。」さらにこう述べている。「そして今や、この新しい要因――キリストを知るということは、私を豊かにした。」淵田はまた、チラシで知った男のことを思った。宣教師になったドーリットル空襲隊員、ジェイク・ディシェイザーに会いたいと思った。

淵田は友人のグレン・ワグナーに、ディシェイザーと会えるようにお膳立てしてもらえないかと頼んだ。グレン・ワグナーはポケットテスタメントリーグの日本代表を務めていた。ワグナーは、淵田が大阪のセントラル・パシフィックホテルで開かれる大会に参加できるなら、実現可能であると答えた。淵田は同意した。ディシェイザーに会えるだけでなく、自分が新たに見いだしたキリストにある信仰について、日本の仲間と話をする機会ができるのだ。淵田は興奮した。

大阪に着くと、待っていたワグナーと通訳と一緒に、ディシェイザーが住んでいる家に向かった。ディシェイザー家族は、日本人の家族と一緒に住んでいた。それはディシェイザーが少しでも日本語が上達するようにとの願いからだった。しかしディシェイザーの日本語はたどたどしかった。真珠湾攻撃の隊長と、ドーリットル空襲隊員が固く手を握った。それは、二人の人生にとってクライマックスの瞬間だった。

ディシェイザーは淵田にこう語った。自分は日本中で説教しているけれど、人々は自分のメッセージにあまり興味を持たない。そのため大いに落胆している、と。さらにこう語った。自分は朝鮮半島の状況を憂慮している。今にも戦争が起こりそうだ。そして、共産主義の浸透作戦が日本で成功しているように見える。自分は、キリストのために日本を勝ち取るには奇跡が

真珠湾攻撃の総隊長だった淵田美津雄が
ジェイコブ・ディシェイザーの家を訪れ、
同じ信仰に立つ者どうし固く手を握った

必要だと判断した。そのために、自分は厳しい四十日間の断食をしている。この間、食べ物はいっさい取らず、水だけを飲んでいる、と。

このようにして、淵田は断食と絶え間ない労働のためにやせ細った男と対面した。しかしディシェイザーには、弱っているという印象はなかった。ディシェイザーにとって肉体は、不屈の精神が宿るいわば付属物であって、さほど重要でないように思えた。「なにか野性的な」やせた顔から、鋭い青い眼が真っすぐ、淵田を見た。「その目は刺し通すようだった」と淵田は回想する。

淵田はディシェイザーの信仰にとても驚き、本物の信仰だと確信した。ディシェイザーが日本人のために進んで断食をしたという話は、淵田に消すことのできない強烈な印象を残した。ディシェイザーは、淵田が回心したことは、日本人のために祈った自分の祈りを神が聞かれたしるしだと言った。まさに神と人との仲介者だ。日本人が聞くべき、そして日本人を理解している仲介者だ。

淵田とディシェイザーは、通訳のフクダを介して互いに短く話をした。そして、共にひざまずいて祈った。淵田とワグナーとフクダが家から出た時、彼らは神の霊に満たされ、これから行われる集会がとても楽しみだった。淵田は、その集会でディシェイザーと共にあかしをすることになるとは、とても信じられなかった。

当日の午後、大きな公会堂は満員だった。人々は通路に溢れていた。外ではたくさんの人が中に入ろうとしていた。押し合って混乱が生じたため、助けに警察官が呼ばれた。集会は歌で始まり、「慈しみ深き」を日本語で歌った。淵田は初めての経験だったが、聖歌を歌うというこのアイディアが気に入った。「それは、神のことばに人々を備えさせた」と淵田は言った。

次にディシェイザーがあかしをした。織田博士が通訳だった。ディシェイザーは聴衆に、自分の戦争と収容所の体験を話し、聖書を読んで劇的な回心をしたことを話した。痩せた顔に微笑をちょっと浮かべ、ディシェイザーはこう告げた。「私はキリストにある兄弟としてあなたを愛しています。来てキリストに出会ってください、今、この午後に。」

聴衆は熱心にジェイクの話を聞いた。そして話が終わった時、ジェイクに拍手喝采をした。次いで「あなたの罪過ちは」という歌で、聴衆はさらに盛り上がった。ワグナーが淵田を紹介した。「淵田美津雄大尉です。みなさんの国民的英雄で、かつて真珠湾攻撃の隊長でした。淵田大尉の名前を聞いたことがありますか。」聴衆は拍手喝采をした。「淵田大尉は戦争の英雄だけでなく、平和の英雄です。どうか、淵田大尉のあかしを聞いてください。」

淵田は確信を持って立ち上がり、主の名においてあかしをした。自分の個人的歴史をかいつまんで話をすることから始めた。初めに海軍兵学校に入学したことを話した。「十五年経って、私は日本海軍航空隊の名手の一人になりました。この間、私は数千時間の飛行時間を記録しました。そして真珠湾攻撃の隊長に選ばれました。私は母国の忠実な兵士として、この作戦を指揮できることに誇りを覚えました。愛する国のために全力を尽くしました。」聴衆が同意して沸いている中で、淵田は話を中断した。

「しかし四年経って」と淵田は続けた。「日本は負けました。がっかりして、戦争が終わった時、私は元の敵であるアメリカ合衆国を憎みました。そして、戦争犯罪裁判を憎みました。しかし私は、みなさんに素晴らしい話をしたいと思います。」そして淵田は、ペギー・コベルのことを話した。「復讐は、日本の思想において、常に主要なテーマになってきました。」淵田は続けた。「しかし私は、赦しが復讐よりはるかに偉大な教えであることをここで明言します。」

淵田は自分がどのように回心したかを話した。自分はどうしてディシェイザーの小冊子を読むことになり、聖書をむさぼり読み始めたかを語った。それから、戦争で疲れた会衆にこう訴えた。「私はみなさんが平和、すなわち個人の平和と世界の平和を切に望んでいることを知っています。しかしまことの平和は、キリストによってしか来ません。」

椅子に座った時、淵田はジェイクのほうを見た。ジェイクの顔には満面の笑みがあった。聴衆は席から立ち上がり、割れんばかりの拍手喝采をした。ジェイクとワグナーは畏敬の念に打たれた。ワグナーはこの時をとらえ、イエスを受け入れる人はみな、前に出て来るように呼び掛けた。およそ五百人が呼びかけに応じた。

後にジェイクは、淵田と共にあかしをしたことは、日本における自分の宣教活動において、クライマックスの一つだったと述べた。そしてジェイクと同様、淵田も、キリストの愛と癒やしの力を証言するこの招きを厳粛にとらえた。ディシェイザーは、キリストの光を淵田に運ぶために役にたった。それゆえ、淵田が後年、伝道者となって福音を伝えるためにアメリカ合衆国へ渡ったことはふさわしいことであった。

第15章　暗い場所の光となる　宣教の働き

このように、あなたがたの光を人々の前で輝かせ、人々があなたがたの良い行いを見て、天におられるあなたがたの父をあがめるようにしなさい。

――マタイの福音書　5章16節

一九五〇年二月、ディシェイザー家族はアメリカ政府から嬉しい手紙をもらった。それは、「元戦争捕虜はもれなく、収容所にいた期間、一日につき一ドルの補償金を受け取れる」という内容だった。まさに天からのマナで、ちょうどよい時に来た知らせだった。ジェイクは屋外の行事に携帯できるスピーカーを買いたいと思っていたので、このお金でそれが可能になった。

忙しい旅行日程をこなしていたが、ジェイクは脚に痛みを感じ始めた。最初のうち、たいしたことはないと思っていた。きっと長時間立っていたためだと思っていた。日が経つにつれ、ジェイクは痛みを訴えるようになった。フローレンスがジェイクの脚を見てみると、ひどい状態だった。脚は腫れあがり、血管は今にも飛び出しそうに浮き出ていた。ジェイクは脚に体重をかけることが困難になったので、医者に診てもらうことにした。

医者はジェイクとフローレンスに、脚は手術しなければならない、と告げた。手術は難しいものではないが、放っておいたら大変なことになると言われた。医者は二人にこう説明した。血管を切って、結び合わせる手術です。そうすれば腫れがひき、痛みがなくなるはずです、と。ジェイクはちょっと考えた。話をしてほしいという招きが山のように来ているし、週末には織田博士と一緒に幾つかの集会で続けて講演する日程になっている。それに加えて、ジェイクはその頃、北海道や九州の炭坑町で話をしてほしいという招待を受けた。炭坑の作業員たちが、キリスト教のメッセージに関心があるのだった。

ジェイクはこれらのことすべてを、主の働きをさらに進める良い機会と見た。ジェイクは、淵田との驚くべき集会の後に築いてきた勢いを失いたくなかった。このような状況にもかかわらず、ジェイクはおもいきって手術を受ける決心をした。結局、脚がもっと悪くなれば、誰にとってもよいことはない、と考えたからだった。

三月六日、ジェイクは脚の手術を受けた。医者は脚の五か所を切って、血管をつなぎ合わせ、腫れを除く処置をした。手術は成功した。目覚めると、少し痛みがあった。回復のため、三日間入院するように指示された。フローレンスは、ジェイクが何週間も休みなしに働いていたことに気づいていたので、医者のこの指示が嬉しかった。入院している間、ジェイクはポールと小さなジョンと充実した時間を過ごした。フローレンスが日本橋教会の日曜学校で教えるために出かけた時、ジェイクは二人の息子の世話をした。子どもたちにとっては、いつも忙しい父親とだけ過ごす特別な時間となった。

完全に回復したので、ジェイクの旅行日程は劇的に過密になった。ジェイクは毎晩、集会か礼拝に携わっているような有様だった。毎日、訪問客と礼拝の準備のために忙しかった。このためフローレンスは、「ジェイクに、こんにちは、と言う時間もほとんどありません。毎日がほとんど同じ状態です。あんまり立て込んでいるので、考える時間もありません」という状況だった。

一九五〇年の復活祭の週末の様子を、フローレンスは自分の家族宛の手紙でこう書いている。ジェイクは金曜日、土曜日、日曜日に、合計八回、説教しなければなりません。また赤ん坊のジョンと吉木さんの娘さんは、聖金曜日に洗礼を受ける予定です、と。フローレンスはまた、吉木さんの家族がクリスチャンになると決心してとても嬉しい、と書いている。ジェイクもこのことを喜んだ。というのも、吉木一家はディシェイザー家族にとても寛大で、自分たちの質素な日本住宅の二階に、ジェイク一家を住まわせてくれたからだった。

復活祭の後、ディシェイザー家族には予期しない嬉しいことが起こった。一通の手紙が送られて来て、それにはこう書いてあった。ワシントン州シアトルにいる三百五十人の人々が、大阪にいるディシェイザー家族のために、宣教の家を建てようと五千ドルの募金活動を始めた、と。ジェイクとフローレンスには仰天の知らせだった。ジェイクは、このような寛大な人々が自分たち家族に示してくれた好意に驚いた。ジェイクは、その家の建築準備が五月上旬に始まることを知った。ジェイクとフローレンスは持ち物の荷造りを始めなければならなかった。新しい家が大阪に建てられている間、ディシェイザー家族は西宮の賃貸住宅に住むことになった。

一九五〇年五月七日、ディシェイザー家族は持ち物を箱に詰め始めた。その時まで、家族は吉木さんの家の二階に住んでいた。日本に来てから、家族はある種の住居環境に慣れていた。毎週、何百人もの人が家に入ったり出たりする状況で、しばしば家が窮屈に感じた。時々、家というよりも、一日中、人が行ったり来たりする鉄道の駅のように感じた。

このような状況だったが、ジェイクとフローレンスはそれに適応し、二階は二人の家庭となった。本当にたくさんのことがこの二階で起きた。ジェイクとフローレンスの宣教の働きが芽を出した場所だ。フローレンスには特に良い思い出があった。男性、女性、そして子どもたちを集め、聖書の学びのクラスを開いたことだ。またジェイクとフローレンスの働きは吉木さんの娘さんに届き、ちょうど二か月前に彼女はクリスチャンになった。ここにはやるべきことはいつでもあるが、神が家族を新しい場所へ招いているように、ジェイクは感じた。家族は大阪で網を投じた。今や別の場所で試みる時だ。漁師のように魚を捕る者は一か所にずっととどまることはできないのだ。

ジェイクは箱に詰めたり、動かしたりすることでは、たいして助けにならなかった。四十日間の厳しい断食と祈りをして、弱くなっていたからだ。重い箱を持ち上げようとしても、動かす力が出なかった。幸いなことに、ディシェイザー家族には思いがけずに現れて助けてくれる人がたくさんいた。家族には、新しいお手伝いさんたちがいた。というのは、肺結核のためにお手伝いさんが一人辞めたからだった。新しいお手伝いさんたちを訓練し、二人の小さな息子の世話をし、引っ越しの準備をするというのはとても大変だ、とフローレンスは思った。時々、フローレンスは「全員追い出して、自分だけでやろうという誘惑にかられたが、それはできないことだった。自分はもっと我慢強くなるように、と祈るだけだった。」

フローレンスは賃貸住宅について両親に手紙を書き、こう述べた。その家は大阪と神戸の中間にあります。それはアメリカ式の大きな二階建ての家です。居間、食堂、書斎があります。この書斎でジェイクは説教の準備をします。お手伝いさんたちの部屋は一階にあり、バスタブ、流し、トイレが付いています。台所は少し狭いです。近々、拡張する必要があります、と。二階には大きな寝室が二つとチャペルがあった。家族はここで日々の祈りをした。このチャペルは、宗教的な場所に改修される前はダンスホールとして使われていた。フローレンスは大きな庭がとても気に入った。というのは、子どもたちの良い遊び場になったからだ。

西宮の賃貸住宅へ引っ越すことは神の摂理だった。なぜなら、二階の広い部屋は、日曜学校、聖書クラス、そして礼拝のために理想的な場所だったからだ。数か月後には、ここで洗礼を受けた人は二十二人になった。これらの人々は、現在も成長を続ける西宮フリーメソジスト教会の中核的会員となった。

ディシェイザー家族は、以前この家に住んでいた家族と懇意になった。そして前の所有者の義理の娘さんが、ジェイクとフローレンスに日本語を教えることになった。フローレンスはこう記している。その娘さんはカトリックの修道院で育ち、クリスチャンになりました。修道院でしっかり英語を学び、私の通訳として活動しています、と。

新しい宣教の家が完成したので、ディシェイザー家族は大阪に引っ越した。家族は新しい家が全面的に気に入った。そしてすぐに、ジェイクは、教えたり説教したりの忙しい日程をこなし始めた。ジェイクの次の大きな旅行は、二週間の北海道行きだった。小さな炭坑の町で作業員のグループに話をすることになっていた。ジェイクはわくわくした。それは今まで行ったことのない日本の地域を見ることができるだけでなく、キリスト教に関心のある人々のグループに話ができるからだった。

フローレンスは、ジェイクが炭鉱へ旅行することにわくわくした。しかし一方、そんなに長期間、ジェイクが出かけていることに少し不安であった。夏のほとんどの期間ジェイクは不在で、フローレンスはお手伝いさんと二人の小さな息子と過ごすことになるのだ。普段ならフローレンスは心配しないところだ。というのは、ジェイクが長期間出かけていることは、これまでもしょっちゅうあったからだ。しかし今回、フローレンスが心配したのには理由があった。家の付近に犯罪が増えていることと、共産主義者の脅威があることだった。

フローレンスの不安は根拠のないものではなかった。ジェイクが出発した後、フローレンスと子どもたちは寂しかった。そしてわずか一週間の間に近所で七件の窃盗事件があったので、少し怖かった。フローレンスは、目の不自由な人と働いているクエーカーの宣教師の友人の話を詳しく述べている。その宣教師は、著名な町の指導者の家に住んでいた。その人も、たまたま目が不自由だった。指導者とその娘はクリスチャンになり、共産主義者に対して遠慮のない批判をしていた。二人は、共産主義を拒否するように、町の住人たちを説得していた。このため、共産主義の指導者たちは守勢に立った。そして両陣営は反目していた。ある夜、共産党員の若い男が、目の不自由な指導者の娘を殺した。フローレンスの友人のクエーカー教徒は隣の部屋にいた。娘の悲鳴を聞いて、最初にその娘のところに急行した。そして何が起こったかがわかりゾッとした。

フローレンスにとってこの事件は、共産主義がいかに大きな脅威かを物語るものだった。フローレンスの目には、共産主義の運動は日本の社会秩序に対する挑戦であり、悪であり堕落させる力であった。フローレンスは、日本の警察は日本の社会から共産主義を一掃しようと努力を重ねているとして、次のように述べている。「共産主義者たちは、しょっちゅうアメリカ占領軍に反対するビラを配っている。日本に革命を起こそうと懸命になっている。日本人の大半は共産主義を嫌っているように見えるが、多くの若い大学生たちはその虜になっている。」実際、日本の名門大学で教えている多くの教授は共産主義者になり、中国や朝鮮のような共産主義革命を起こすために大衆を導くようにと、大学生たちに吹き込んでいた。このようなことを知って、フローレンスは驚いた。その一方フローレンスは、神が自分と家族を守ってくださるように、そして「日本で戸が閉ざされてしまう前に、キリストのために多くの魂を」勝ち取る時間がもっと与えられるようにと祈った。

フローレンスと子どもたちが家に残っていた間、ジェイクは炭鉱作業員のグループにメッセージを語って夏を過ごした。日に二回集会を開き、平均千人以上が集まった。毎集会後、作業員たちがキリスト教について質問する機会を作った。ジェイクはこのひと時を楽しんだ。通訳者を介して、ジェイクは人を変えるキリストの力について話をした。多くの作業員はジェイクが新約聖書から引用した奇跡に興味を持った。彼らは、こんな話はこれまで聞いたことがないと言った。ジェイクは作業員たちに、キリストに信仰を持てば奇跡の話を理解できるようになる、と答えた。また自ら申し出て、集会後、引き続き残っている人々と一緒に祈った。

祈りを求める人々の関心事は身近なものだった。病気や病んでいる親族、よりよい仕事、新しい家、幸せ、戦争で目撃した恐怖からの解放、のために祈った。多くの人がキリストを受け入れ、クリスチャンになった時は、ジェイクはとても嬉しかった。この経験を振り返って、ジェイクはこう言っている。「福音を一度も聞いたことのない人にメッセージを語るということは、本当に心が躍る。」

ジェイクが感じた一つの問題点は、このようしてクリスチャンになった人々が放っておかれることであった。その町には教会もなければ牧師もいなかった。そのため、クリスチャンになった人々は指導を受けられなかった。ジェイクは「聖霊に満たされた働き手」がもっと必要だと思った。神学の訓練を受け、巣立ったばかりのクリスチャンを導く働き手だ。このことを念頭に置いて、ジェイクは新約聖書の日本語版を作業員たちに配った。そして、聖霊がこの若いクリスチャンたちと共に働かれるようにと祈った。

炭鉱の町から戻り、ジェイクは家族と再会した。そして広島へ旅行した。広島は最初の原子爆弾が落とされた場所だ。ジェイクは、広島と市民が体験した恐怖についてたくさんのことを聞いていた。そのような爆弾が持つ力を想像することができなかった。原子爆弾が町に大きな損害を与え、多くの建物を破壊し、何万もの人の命を奪ったことを知った。

ジェイクと家族が広島に着くと、そこがきれいなのに驚いた。町は破壊されて荒廃していると聞かされていた。爆弾が落とされてから五年経って、町は驚くべき復興を遂げていた。各街区は真新しくなっていた。数年前には、がれき同様だったとは思えなかった。

滞在する英国系のホテルへ行く途中、家族は原爆の衝撃を刻んでいる建物を通過した。フローレンスはこう述べている。「破壊、悲惨、そしてこの爆弾がもたらした死のことがわかった。私たちの心は動揺した。」家族は、広島の上空で原子爆弾が爆発した午前八時十五分に、町のすべての時計が止まったことを知った。その建物の周りで、一瞬で消滅した多くの構造物の影が道路に残っているのを見た。それは、もはや存在していない人や場所の写真だった。人々は瞬時に灰になってしまったのだった。

ジェイクにとって、原子爆弾はキリストなき世界を表すものだった。人間は堕落した生き物だ。なぜなら、神の命令に従わず、善悪の知識の木の実を食べてしまったからだ。知識を得ることによって深刻な結果がもたらされた。その時から、何世紀にもわたって人間は人間自身と闘ってきた。多くの戦争が起こった。そしてついに、神ご自身が造られたものを完全に消し去ることができる武器が出現した。人が自然の働きを詳しく知ることができるようになったために、自然の力を利用して武器にすることが可能になった。人間は今や、文字どおり世界を破壊する方法を見つけたのだ。愛と赦しのキリストのメッセージだけが、そのような武器を将来使わせないようにできる唯一の方法である、とジェイクは確信した。

この場所の近くには、再建された神社仏閣がたくさんあった。これを見てフローレンスは思った。「ほとんどの人は、キリストには人を救う力があり、キリストは人に永遠の平和を与えることができる、ということをまだ何も知らない。」そして、日本では宣教師の働きが急務である、とフローレンスとジェイクは実感した。

広島から帰ってから数か月の間、ジェイクは相変わらず町へ出て忙しかった。ジェイクは、地域の建物で伝道の働きをすることに宣教活動を絞ることにした。しかし聖書を学ぶクラスは続けていた。フローレンスはこう記している。「ほとんど毎日夕方になると、ジェイクはスピーカーを持って路上集会を開き、チラシを配り、礼拝に人々を誘っています。」実際、ジェイクはスピーカーを使うと、調子がよかった。スピーカーをうまく使って人々の注意を引き、フローレンスは人々に小冊子を配った。不幸なことに、このスピーカーが近頃、問題になっていた。

ある日、ジェイクが人々に話をしている時、警察官が車に近づいてきた。ジェイクは警官に、何か問題があるのですか、と聞いた。もしこの種の活動をする許可のことならば、日本政府がジェイクに発行した許可をすぐに示すことができた。警官は許可が問題なのではなくて、騒音が問題だと答えた。確かに、スピーカーがうるさいと文句を言っている人たちがいた。ジェイクがスピーカーの音量を下げるのではどうかと提案すると、警官はそれでもだめだと答えた。ジェイクは市内でスピーカーを使うことを禁止された。これにジェイクは動揺した。というのは、スピーカーに大金を払っていたからだ。しかしジェイクは警官の指示に従って、それ

スピーカーは伝道に大きな力を発揮したのだが……

以後スピーカーの使用を止めた。このような障害があったが、主はジェイクの働きを引き続き祝福した。

この事件の後まもなく、ポールは具合が悪くなった。最初、ポールは夜、寝なかった。ひっきりなしに泣くので、ジェイクとフローレンスは一生懸命になだめたが、鎮めることができなかった。日曜日の礼拝の後、ポールはうとうとし始めた。ジェイクとフローレンスは、これは良い兆候だと思った。二人はポールに昼寝をさせたが、ポールは夜通し寝ていた。月曜日になり、フローレンスはポールが高熱を出していることに気がついた。二人はポールを診てもらうために、知り合いの日本人の医者を呼んだ。医者はポールが高熱を出していることを心配した。診察した結果、扁桃腺炎だと判断した。水曜日、ポールは何度もひきつけを起こして、両親を驚かせた。何が悪いのかわからないまま、ジェイクとフローレンスは急いでポールを米軍の病院へ連れて行った。

軍医は、ポールは扁桃腺炎と脳炎にかかっていると診断した。医者が小さなポールを診察している間に、ポールはひきつけに伴う昏睡状態に陥った。さらに悪いことに、ポールの体は、体温の調節ができない状態にあった。ポールは四一度の高熱に苦しんでいた。医者は心配している両親に言った。体温を下げなければならない。昏睡状態にあるので、そうしないと死ぬかもしれない、と。医者は正直に、ポールの命は危険な状態にある、と告げた。

病院の看護師が氷のかたまりを幾つも持って診察室に来た。ポールの体温を下げるために、氷のかたまりをポールの体中に置き、扇風機の風をポールに向けて送った。最初、この方法がうまくいっているように見えた。ポールの体が冷えてきた。ジェイクとフローレンスは安堵の息をついた。

しかし二、三時間すると、状況は変わった。小さなポールは激しく震え始めた。ポールに点滴と酸素吸入が施されたが、けいれんは続いた。深夜にポールの呼吸は止まりかけた。医者は、ポールの肺が急速に粘液で浸されてきていることに気がついた。ポールの命は再び、とても危険な状態に陥った。最後の手段として、医者は気管を切開することにした。これによって肺に十分な酸素を取り込むことができるようになるのである。手術の間、病院のスタッフは肺から粘液を吸引し続け、ポールは酸素テントに入れられた。手術の間もちこたえたが、ポールの体温は非常に高い状態のままだった。医者と看護師は再びポールを氷づけにして体温を下げようとした。状況は非常に緊迫していた。ポールがその夜生き延びるチャンスは五〇パーセントだった。ディシェイザー夫妻は、神がポールを守り、体を回復してくださるように祈った。

その夜、ポールが回復しないのではないかと思わせるような状況が何度もあった。ある時など、ポールの呼吸が止まったように見え、看護師を驚かせた。あわてて看護師がポールのもとに近づくと、また呼吸が始まった。

その夜、父も母もほとんど休まなかった。二人は、神が息子を守ってくださるという望みにしがみついた。神は両親の祈りに答えられた。ポールはその夜を切り抜け、その後、数日間入院した。熱はついに下がり始め、三八度にまでなった。

病院に緊急入院してから二週間後、ポールは自宅で落ち着いて寝ている。医者は後になってジェイクとフローレンスに、ポールが回復したのは奇跡だった、と告白した。四一度の熱で運ばれてきた時、ポールはその夜生き延びることはないだろう、と医者は思った。ジェイクとフローレンスは、息子に素晴らしい医療を与えてくださったこと、つらい時間、自分たちを見守ってくださったことを神に感謝した。

第16章　故郷へ帰る

彼らは教会の人々に見送られ、フェニキヤとサマリヤを通る道々で、異邦人の改宗のことを詳しく話したので、すべての兄弟たちに大きな喜びをもたらした。

――使徒の働き　15章3節

ジェイクは福音を語り、日本中を旅行する厳しい日程をこなしていた。フローレンスは家族への手紙でそのことを的確に要約している。「私たちは仕事に忙殺されている」と。宣教師家族の生活は容易ではなく、心が弱くては務まらない。多くの犠牲が必要になる。しかしディシェイザー家族は喜んで働いた。日本の人々は福音のメッセージを聞いて救われなければならない、と信じていたからである。家族は宣教活動に伴う浮き沈みを経験した。ジェイクが炭鉱へ福音を語りに出かけたことは素晴らしい経験の例だった。ジェイクは、未知の土地へキリストを伝えるために旅をした弟子たちのような気持ちになったのにちがいない。キリスト教について一度も議論されたことのない土地へ行くということは、福音を宣べ伝える者にとって大きなチャンスであった。しかし一方で、ジェイクとフローレンスを絶えず悩ました問題は、キリストを受け入れた人のうちのどれだけの人が、新たに持った信仰を維持していけるかということであった。

フローレンスは、自分たちの天幕集会はどこでも百人から六百人の人を集める、と書いている。時々、多くの人が、キリストを受け入れるという決意を表すために決心カードに署名したものだった。そしてジェイクは新しく信仰を持った人と一緒に祈り、クリスチャンになるということは何を意味するかを話した。信仰生活を送り、聖書を読み、教会に出席しなければならないと指導した。実際、ジェイクはこう記している。「主のために魂を勝ち取ることは容易なように思える。しかし、日本におけるクリスチャンの数は急速には増えていない。」新しく信仰を持った人は、しばらくはクリスチャンになったことを喜ぶように見えたが、途中で挫折してしまうことが多かった。ジェイクはこの現象は、新しく信仰を持った人を適切に指導するための教会と訓練された牧師が足りないことによる、と考えた。さらにジェイクは、仏教徒や神道の社会から、キリスト教徒にならないようにする圧力があることを指摘した。仏教の僧侶や神道の神主は、キリスト教に改宗した人に、もしキリスト教徒になるなら、自分たちの文化を捨てることになる、と話すこともあった。淵田美津雄の改宗物語は、日本のクリスチャンが経験するそのような圧力の例であった。

美津雄がキリスト教に改宗したことについて、彼の妻はどう応えたらよいかわからなかった。淵田の妻は熱心な仏教徒で、夫がなぜ日本人の宗教を拒否するのかが理解できなかった。また、淵田の仲間の退役軍人たちも、しょっちゅうキリスト教をやめるように説得した。キリスト教はアメリカの宗教で、日本の宗教ではない、と退役軍人たちは言った。淵田は、先祖の信仰を拒否して、日本を征服し占領している勢力の宗教に転向したとみなされたのだった。ある者にとって、これは国を裏切るのに近い行為だった。言うまでもなく、多くの圧力が日本のクリスチャンを攻め立てていた。

宣教活動には浮き沈みがあったが、ディシェイザー家族は頑張り続けた。一九五二年九月二十一日、三番目の息子のマーク・ダニエルが生まれた。そして一九五三年十月十日、初めての女の子のキャロル・アイコが生まれた。フローレンスは、ついに女の子ができ、有頂天だった。三番目の男の子が生まれた時には、自分は髪の毛を巻くよりも野球をすることに向いている、と冗談を言っていたが。この時期、ディシェイザー家族は、一時帰休でアメリカ合衆国へ帰国することについて話し合った。家族は一九四八年からずっと日本に住んでいた。アメリカへ帰ることについて話をするのは、実にわくわくすることだった。

ディシェイザー家族は、日本に来た当初に感じていた日本人の歓迎的な態度が、最近は変わり始めたことに気がついた。好奇心は色あせ、懐疑心に変わった。日本の一般大衆の考えは、宣教師は日本を堕落させ、何世紀にもわたり手つかずだった日本の文化を変えるために活動している、というものだった。さらに、朝鮮半島で戦争が起こり、アメリカが再び核兵器を使うのではないか、と日本人は恐れていた。この状況は広島と長崎の傷を広げるものだった。日本の一般の人々や知識層から、戦争の残虐行為についてアメリカ合衆国を非難する声がわき上がった。原爆の影響を示す身の毛もよだつ写真が表に出、新聞のトップ記事になった。加えて、日本の共産党は一般市民へ浸透する活動を続けていた。

大阪へ一日旅行した時、ジェイクは鉄道の駅の前の大きな広場でデモ行進が行われ、赤旗を振っているたくさんの人々がいるのを見た。デモ隊にはスピーカー付きのトラックがあって、音楽とデモを指示する声が鳴り響いていた。またロシア共産党員のような服装をした日本人が3×3の隊形で人通りの多い道路を行進していた。人が足を止め、この光景をじっと見るので、警察官は交通が渋滞しないように懸命に交通整理をしていた。ジェイクは、このような動きが自分たちの伝道の働きにマイナスになると思った。というのは、これが強い反米感情を煽り立てるからだ。ディシェイザー家族は、自分たちは日本の悪の力と霊の戦いをしているのだ、とこれまで以上に感じた。

ジェイクと家族は、想像していた以上に多くの困難に直面したが、励ましを与えてくれる嬉しいことも幾つかあった。その一つが、ジェイクとフローレンスが日本人のクリスチャンの結婚式で仲人を務めたことだった。二人はそれがとても楽しかった。仲人は、親と花婿の介添人と花嫁の付添人の役割を兼ねた。日本人にとって、結婚の約束を公に発表することは、結婚式において最も重要な部分であった。カップルが結婚の意思を持ってジェイクとフローレンスのところに来る時、ディシェイザー夫妻は若いカップルにいつも助言を与えた。すなわち、クリスチャンにとっての結婚の重要性と、結婚がいかに神聖で霊的な結びつきであるかを語った。フローレンスは、自分のウエディングドレスを日本に持ってきていたので、若い日本の女性たちにそれを使わせた。というのは、アメリカ式の白いウエディングドレスを見つけることはほとんど不可能だったからだ。結婚式の当日、フローレンスは花嫁がドレスを着るのを手助けした後、花嫁と並んで立った。一方、ジェイクは結婚式を執り行った。これはジェイクとフローレンスにとって、自分たちの結婚式を思い出させる、素晴らしい経験であった。

一九五五年一月、ディシェイザー夫妻は、四月十四日にアメリカへ向けて出発するという、歓迎すべき知らせを聞いた。六年半過ごした日本を引き払うのは辛いことであるが、フローレンスとジェイクは間近に迫った旅行を思ってわくわくした。子どもたちは祖父母に会ったこともないし、先祖の国を見たこともなかった。さらに、フローレンスとジェイクは、子どもたちが、キリスト教信仰に根ざした他の家族や子どもたちの中で育つことを望んだ。ジェイクは両親に、プレジデント・クリーブランド号で日本を発ち、たぶんサンフランシスコに着く、と知らせた。持ち物を持って帰ることができないので、全部日本で売り払った。家族はオレゴン州セイラムに数週間、滞在した後、アイオワ州トッドビルに行くつもりだった。ジェイクはまた両親に、ケンタッキー州ウイルモアのアズベリー神学校で勉強したいということを伝えた。

日本での時間がだんだん残り少なくなってきたが、ディシェイザー家族は以前にも増して忙しかった。フローレンスはこう記している。クリスマス以後、いつも訪問客があります。おもにちょっと立ち寄って、私たちにさよならを言う人たちです、と。両親はまた、子どもたちに引っ越しする準備をさせた。子どもたち、特にポールは日本を離れることに気乗りがしなかった。ポールにとって、日本の家が知っているすべてだった。ジェイクとフローレンスは子どもたちに、祖父母に会えること、新しい友達をつくることができることを話して聞かせた。

ディシェイザー家族がアメリカ行きの船に乗る前に、二人で設立を助けた日本の教会が、二人に敬意を表して送別会を開いた。日本のクリスチャンが、二人がこれまでになしたことすべてについて心からの感謝を表した。ジェイクとフローレンスはなんともいえない素敵な気持ちになった。その時ジェイクは、ここまで生きてきた自分の人生について思い返していた。

最初に日本に来た時、自分は爆撃手だった。今、自分は六年以上も宣教師として日本に住んでいる。そしてイエスの愛と赦しのメッセージを伝えることに捧げている。爆弾を落とす代わりに、自分は聖書のメッセージを伝えている。自分が日本に着いた時、どんなに日本人が当惑したかを思い出す。日本人は、自分を捕らえた者に恨みを抱くことはないかを尋ねた。恨みはないと言ったら、彼らは驚いた。自分は新しい隣人に、キリストのメッセージは愛と赦しであること、そして自分を迫害し拷問した人たちを赦していることを告げた。

ジェイクは、日本に着いてからの非現実的な最初の数か月間のことを思い出した。自分と織田博士は町、学校、大学、公の集会場所で福音を語った。ジェイクはその時のことを思い出した。「なんと、戸は私の前に広く開いているではないか。キリストのために数千人が決心するのを見たのだ。人々に『イエスは主です』と告白させた。そして私は言った。『あなたは心の中で、神はイエスを死からよみがえらせたと信じますか』と。『はい信じます』と彼らは答えた。人々は手を挙げた。それから私は、彼らのために祈ってこう言った。『さあ、イエスの名によって祈ってください』と。私は言った。『私たちは、さらに進まなければなりません』と。われわれは日に四、五回集会を開いた。そしてたくさんの人が集まった。時には一万人集まった。千人集まったことが何回もあった。千の手が挙がり、クリスチャンになりたいと言った人が千人いたこともあった。」

ジェイクはこれらの思い出を胸にしまっておいた。アメリカへ戻る時が来た。ジェイクは、自分たち夫婦が知るようになり、そして愛するようになった人々にさよならを言った。一九五五年四月二十日の早朝、ディシェイザー家族はプレジデント・クリーブランド号に乗船し、アメリカへ向け日本を離れた。帰国の旅は長いだろうが、ジェイクとフローレンスは母国に残してきた人々に会いたくてたまらなかった。船はホノルルに寄港した。そこでジェイクとフローレンスは二回、礼拝を持った。二人はアメリカの地に戻れて嬉しかった。ジェイクが帰国したことを聞いて、たくさんの人が会いに来た。そしてジェイクと家族が日本でなした大切な働きについて、ジェイクに祝いの言葉を述べた。

一九五五年五月三日、クリーブランド号は金門橋の下を航行した。ディシェイザー家族は、自分たちがカリフォルニアにいることが信じられなかった。船が埠頭に着いた後、オレゴン州セイラム行きの寝台列車に乗った。十五時間の列車の旅はアメリカを再認識する旅となった。

列車は北カリフォルニアとオレゴンの最も美しい田園地帯を通過した。セイラムに着くと、タクシーでジェイクの両親の家へ向った。

ジェイクの両親は、息子とその家族に会って有頂天だった。祖父母は特に孫に会って喜んだ。これまで写真でしか見たことがなかったからだ。説教する機会があったので、ジェイクはポートランドの教会の集会に出席した。話を聞きにたくさんの人が来たので驚いた。ジェイクはアメリカで、まだ人目をひく存在だった。クリスチャンもクリスチャンでない人も等しく、引き付けた。それは人々が、説得力あるジェイクの物語に興味を持ったからだった。両親と数日間過ごした後、ジェイクと家族は、弟のグレンとその妻を訪ねるために出かけた。弟夫婦はマドラスで農場をやっていた。

ジェイクは自分が育った場所に戻って来て、感慨もひとしおだった。子どもたちは農場が気に入った。というのは、ロバに乗ったり、いろいろな農場の動物を見たりする楽しい時間があったからだ。グレンと少しの間過ごした後、ジェイク家族はセイラムに戻った。フローレンスの故郷、アイオワ州トッドビルへ旅行するためだった。

アイオワで子どもたちは、別の祖父母に会うことができた。ジェイクと家族は休む時間もなかった。教会の集会だけでスケジュールが埋まっていたからだった。教会の集会でディシェイザー家族は、日本で暮らしていた時の写真を見せた。このため会衆はあれこれと想像を巡らすことができた。彼らは今まで日本の田舎の写真を見たことがなかった。日本人は、会衆の大多数と同様、農夫で、熱心に畑の手入れをしていた。戦争が終わり、日本人に対する敵意は相当に和らいでいたが、ある人々は依然として日本人に悪感情を抱いていた。そのような人々は、疑いの念を持ってジェイクの話を聞いていた。あなたを拷問し、仲間を殺した人々に奉仕するために戻るのだって？　これを愛というのか、それとも馬鹿というべきか？　ジェイクはこれまで多くの聴衆の前で話をしてきた結果、人々はこのように思っているということを知っていた。ジェイクは教会の会衆に、何年も語ってきた同じ話をした。すなわち、クリスチャンは自分たちの敵を愛し、赦すために召されているのだと。

アイオワではケンタッキーへ旅行する準備のために時間を費やした。ケンタッキーへ行くためには車が必要だった。ジェイクは探し回った結果、一九五五年型のフォード・ビクトリアに決めた。五五年型ビクトリアは、後に多くの映画、特に探偵やギャングが出る映画で使われる伝説の車である。その当時、フォードとしては比較的新しいモデルで、アメリカで売れ筋だった。これこそ家族が必要とした車だった。

アイオワを離れる前に、ディシェイザー家族は、この地方で起こっていた多くの信仰復興運動に加わった。家族はアイオワに二週間滞在し、ジェイクは地方の教会や戸外の天幕集会で話をした。この時期を過ぎてから、ジェイクとフローレンスは自分たちの九回目の結婚記念日を祝った。これについてフローレンスは、「素晴らしい九年間だった」とコメントした。

新しい車に荷物を詰め、ディシェイザー家族はケンタッキー州ウイルモアへ向け二日間の旅に出た。イリノイ州、インディアナ州を通る南東のルートを取った。ケンタッキーに行く途中、二か所でモーテルに滞在した。ケンタッキーは、これまでに行ったことのあるどの場所とも違っていた。まず、暑くて湿気が多いことだ。気温は三〇度以上で高湿度だったので、すぐに汗が出た。また、南部の大農場の邸宅風の家々が道路から引っ込んだところにあるのを見た。家はとても大きく、道路から大きな私道が続いていた。私道の両側には木が並び、自然の天蓋を作っていた。草の緑が鮮やかなこと、そして緩やかに起伏した緑の丘陵が遠くまで広がっているのに驚いた。この丘には美しい馬がのんびり歩いているのが見えた。馬は太陽の光を浴びながら草を食べていた。家族は、広く開いた空間に興味をひかれた。というのは、日本はとても込み合っていたからだった。

一九五五年九月一日にウイルモアに到着し、新しい家に落ち着いた。家は古く、風変わりに建てられていたが、フローレンスは良い場所になると思った。大きな寝室があった。机を置く十分な広さがあったので、ジェイクは書斎としても使うことができた。もう一つ、もっと小さな寝室があった。これはマークとキャロルの寝室になった。古いユーティリティルームがあり、それが寝室に改造されていた。これはジョンとポールの寝室になった。居間はちょうどよい広さで、来客をもてなすのに十分以上だった。フローレンスは大きな台所と、適当な大きさの食卓のスペースがとても気に入った。家主は家族に新しい車庫を造った。また新しい浴室と簡易台所は造っている最中だった。家のある場所はジェイクにとって便利だった。神学校からたった二ブロックしか離れていなかった。またジョンとポールが通うことになる学校も近くだった。

家族が到着した日に荷物が着いていれば、新しい家に住み始めるのはもっと容易だっただろう。運送会社が荷物を家族に届けたのは一日遅れだった。これは問題だった。というのは、ジェイクは礼拝と集会のために九月二日、三週間の旅に出なければならなかったからだ。不幸中の幸いで、出発の一時間前に木箱が届いた。自分の持ち物を見つけるために、ジェイクは木箱のふたを引きはがし、中身を居間に全部ぶちまけた。そして自分の持ち物を必死になってスーツケースに詰め込み、フローレンスと子どもたちに、行ってきますのキスをして出発した。残されたフローレンスは、床にちらばった物を整頓しなければならなかった。

ジェイクが出て行くと、フローレンスは家の片付けを始めた。フローレンスにとって最優先の仕事は、椅子とソファの新しいカバーを買うことだった。というのは、元からあったものは古くて変な臭いがしていたからだった。調べるにつれて、フローレンスはこの家がそれほど好きではなくなってきた。最初の印象は良かったが、家には修理が必要だとわかった。窓は古く脆そうで、くしゃみをすればバラバラになりそうにさえ思えた。窓枠も、早急にペンキを塗る必要があった。家主が、必要な修理をすると言った言葉だけが頼りだった。持ち運びできる自動皿洗い機、洗濯機、乾燥機を買った。これによってフローレンスの仕事はかなり楽になり、信じられないほどの時間を節約できた。また、縦型の奥行きの深い冷凍庫を買って、車庫に置いた。このため、たくさんの肉やジュースや果物を冷凍保存できるようになった。最後にジェイクは、タイプライターを購入した。これは神学校で学びを始めると役に立つものである。

一九五五年九月に、ジェイクはアズベリー神学校の神学修士課程に入学した。神学修士課程は、正教師（任命牧師）の召しを受けた人のために設けられた課程である。ジェイクは他の同級生たちとは少し違っていた。普通、学生は、神学に関する学部の学位を取得し、神学修士課程の学位を取るために神学校に入る。そして修士の学位を取得した後、牧師に任命される。ジェイクはすでに正教師であり、六年間、専任の宣教師だった。明らかに、ジェイクによって教室に独特の雰囲気が生まれた。

神学修士課程の一年生として、ジェイクは神学の必須科目を取らなければならなかった。最初の学期で、ジェイクは説教執筆、フリーメソジスト教会の歴史、思想史、そしてイエスの教えの科目を取った。しばらく学術的環境から離れていたが、ジェイクは学業のルーティンワークに慣れた。アズベリーでは何人かの日本人の学生に会った。そしてアズベリーにいる間、彼らを家に招き、夕食を共にした。ジェイクは、特に一人の日本人学生と親しくなった。学生の名前は宇崎殉道《うざきじゅんどう》といった。

驚くべきことに、宇崎とジェイクの人生は、ケンタッキーで会う以前に交差していたのだ。宇崎はジェイクにこう話した。宇崎は十五歳の時、東京の工場で働いていた。そこで日本の飛行機で使われる爆弾を造っていた。その工場はドーリットル空襲隊の目標の一つだった。宇崎は空襲のあった日のことを憶えていた。工員たちは爆発音に驚いた。工場の上を飛行機が一機通過するのを見た宇崎は、落ちてくる爆弾に身構えた。しかし、空襲が終わった後、工場はまだ建っていた。

工員たちが工場から離れた時、少し先に大きな穴が開いているのに気がついた。明らかに、爆弾がアメリカの飛行機から投下されたとわかった。働いていた工場からわずか一五〇メートルの距離だった。もし爆弾が目標に命中していたら、確実に死んでいただろう。宇崎は、神が何かの理由で、その日、自分の命を助けたのだと思った。後に宇崎はキリスト教に改宗した。そして、神が同胞に福音を伝えるために自分を召しているので、命を助けられたのだと確信した。それで、神学を学ぶためにアメリカへ渡る決心をした。そして今、ケンタッキーのウイルモアにいる。別の人間関係を付け加えると、宇崎は、シアトルパシフィック大学を一九五三年に卒業した女性と結婚した。相手の名前は美代子と言った。宇崎は、ジェイクのように、母国の日本へ戻り、福音を伝えたかった。

ジェイクが忍耐強く学びをしている間に、家族はケンタッキーの生活に慣れた。一か月経った後、ディシェイザー家族は、ジェイクの両親の援助を得て、家を買うことになった。今、賃貸で住んでいる家と比べればはるかに素敵な家であり、妥当な価格で購入することができた。

ケンタッキーで暮らした三年間は瞬く間に過ぎた。ジェイクは広範囲に旅行し、ノースカロライナ州、ミシガン州、ニューヨーク州、そしてペンシルベニア州へ行った。この間、テレビでジェイクの物語が放映された。「爆撃手が戻る」(Bombardier Goes Back)という題名だった。家族が集まって一緒に見た。日本の捕虜になったことなど、自分が経験したことを俳優が演じているのを見るのは、ジェイクにとって非現実的だった。特に自分の回心の場面についてはそうだった。俳優がいかに上手であっても、その種の感情を伝えることは難しかったのに違いない。

ジェイクは一九五八年六月に学業を修了し、神学修士号を取得した。それから数か月後の九月十六日、家族は祝福の日を迎えた。ルツ・ダーリーン・ディシェイザーが、ケンタッキー州レキシントンで誕生したのだった。ジェイクが卒業してから、家族は数か月間、ウイルモアに滞在した。宣教理事会は、ディシェイザー家族に日本の名古屋へ四年間、戻ることを許可した。名古屋はジェイクとドーリットル乗組員が何年も前に爆撃した町だった。ジェイクは名古屋行きに胸が躍った。

出発する前にしなければならないことがたくさんあった。家を全部の家具と一緒に売らなければならなかった。フローレンスは、日本に着いたら必要になる衣類の注文や旅行の手配の予約で忙しかった。今回、日本への旅行は、手強いものになるとは思えなかった。何といっても、前に経験したことがあるのだから。一方、ジェイクはうずうずしていた。それは、聖霊が自分を日本へ呼び戻していると感じたからだった。

第17章 開拓伝道

日本へ行ったり来たり

さあ、あなたは神と和らぎ、平和を得よ。そうすればあなたに幸いが来よう。神の御口からおしえを受け、そのみことばを心にとどめよ。あなたがもし全能者に立ち返るなら、あなたは再び立ち直る。

——ヨブ記 22章21～23節

一九五八年十二月三十一日、家族は名古屋へ向かっていた。日本のクリスチャンたちがジェイクに、この地域に教会をつくるのを手助けしてほしいと言ってきた。ジェイクは、神が戻るように求めているのだと感じた。そして、アズベリー神学校で受けた訓練によって、もっとたくさんの人がクリスチャンになるよう説得できるようになった、と思った。船の上で、ジェイクは待ち受けている多くの課題について考えた。日本はどんな国になっているだろうか。クリスチャンになった人々は、まだクリスチャンでいるだろうか。それとも信仰を捨てただろうか。これらの問いに対する答えは、わからなかった。今、自分にわかることは、戦時以上ではないかもしれないが、戦時と同じくらいの課題が平時にもあるということだ。

ディシェイザー家族は前ぶれもなく到着した。迎えに来た人はほとんどいなかった。最初に来た時は、数百人の人がジェイクを一目見ようと待ち受けていた。その時ジェイクは、時の人だった。地元新聞社の記者たちが、ドーリットル飛行士にインタビューしようと押し合いへし合いだった。しかし時は過ぎ、物珍しさはなくなっていた。かつてのドーリットル飛行士は、一人のキリスト教宣教師にすぎなかった。ジェイクと家族は、他の多くの旅行者と同じように、注目されることなく到着したのだった。

家族はスミスタウンと呼ばれる場所へ引っ越した。スミスタウンは日本が占領下にあった時、アメリカ兵士の家族のために建てられた住宅地域だった。占領が終わり、多くのアメリカ人の家族が去り、代わりに日本人の家族が住んでいた。名古屋は日本で三番目に大きな町だったが、フリーメソジストの教会はまだなかった。そのためディシェイザー家族は、福音伝道の可能性が大いにあると考えた。フローレンスは、「本当に開拓伝道です」と書いている。

家に落ち着くとすぐに、ディシェイザー家族は活動を始めた。家で集会と聖書の学びを始めた。フローレンスは子どもたちのために日曜学校を始めた。聖書の物語を教え、聖書の言葉を

名古屋の自宅でのディシェイザー家族。前列・三男マーク、
長女キャロル・アイコに、次女ルツが加わり、７人家族に。

憶えさせた。ジェイクの子どもたちはミッションスクールへ通い始めた。子どもたちはそこで日本語を憶え、新しい友達をつくった。家族はかつてなじんだルーティンワーク、すなわち旅をすること、説教すること、小冊子を配ること、キリスト教に人々の関心を集めること、に慣れていった。

ジェイクとフローレンスの娘のキャロル・アイコは、この数年間、通常の日曜日はどんなようすだったかをこう振り返る。

全員、朝は早く起き、テーブルを囲んで一緒に朝食をとった。食事が済むと、ジェイクは床を電気掃除機で掃除した。ルツとキャロルは片付けをし、皿洗いをした。ジェイクはテーブルの前に座り、前の日の夜に準備した日本語の説教をおさらいした。片付いた部屋に、ポールとジョンとマークは椅子を並べ、テーブルを講壇にした。テーブルの上に木の箱を置き、白いテーブルクロスで覆ったものだった。家を礼拝場所に変えてしまうと、子どもたちは近所へ出て行き、日本人の友達を日曜学校に連れて来た。

子どもたちはソファを目指して進み、窮屈に座った。子どもたちが全員到着すると、フローレンスは、羊毛フェルトと紙芝居を使って聖書の物語を教えた。キャロルは、母がどんなに物語を語る名人か、また羊毛フェルトと紙芝居が、どんなに物語を生き生きとするのに役だったかを思い出す。次にフローレンスは部屋を巡り歩き、子どもたちが一週間前に与えられた聖書の言葉をちゃんと憶えてきたかどうかを確かめた。うまく言えた子どもには小さな鉛筆をご褒美として与えた。あらゆる年齢の子どもたちが来ていた。そして年長の子どもは年少の子どもの面倒をみて、フローレンスの話を見たり聞いたりできるようにした。それから大人たちが到着した。ジェイクは説教をし、一緒に祈り、二、三曲、聖歌を歌った。キャロルは懐しみをもってこれらのことを思い出し、こう語っている。「日本で成長した宣教師の子どもとして、私は教会が何もないところから始まり、だんだん成長していくのを見ることができた。これは本当に、与えられた特権だと感じた。私は宣教の現場において、直接、神の働きを経験したのだ

伝道が実り名古屋に初のフリーメソジスト教会が生まれた

――しかも間近に。私にとって、宣教の働きは、生き生きとして現実的なものだった。」

ディシェイザー家で行われた礼拝から、名古屋に根を下ろした教会が生まれた。ジェイクは教会を建てるために必要な資金を集める役割を担った。フリーメソジストの宣教理事会や日本政府と交渉しなければならなかった。資金を確保し、建築の許可を得、一九六三年初夏に教会建築が起工された。またフリーメソジストの宣教理事会は、教会を運営するために牧師を派遣した。独身で名前を東隆《あずまたかし》牧師と言った。東牧師は一九六三年四月一日に着任し、みんなに温かく迎えられた。東牧師は優れた説教者で、幅広い聖書の知識を持っていた。東牧師がこの地域に教会を設立するために、「開拓的な仕事」

名古屋の郊外、家族で地元の人に伝道

の諸課題に意欲的に取り組むことを、フローレンスもジェイクも望んだ。
夏が過ぎた。様々な理由で、教会の建築工事は九月末まで始まらなかった。建設の細部の詰めが終わった時、名古屋の日本人のクリスチャンは起工式を実施した。フローレンスはこう記している。日本人は大々的な式典を行った。教団理事長が来て式典を執り行った。参列者は聖歌を歌い、祈り、聖書を読んだ。そして地面に穴を掘り、聖書を置き、一人ひとりが少しずつ土をかけて埋めた。これには重要な意味が込められていた。すなわち、教会が神のことばの上に建てられるということを、比喩的にかつ文字どおり表していた。そして神のことばこそが、新しい教会が力を引き出す源泉だということを意味した。

ディシェイザー家族は新しい教会に、さらに数か月間関わった。そしてアメリカへ戻る計画を立てた。教会の建物は実際にはまだ完成していなかったが、ジェイクは東牧師の働きが嬉しかった。東牧師に安心して教会をまかせることができると感じていた。そして、この教会が繁栄するのを見たいと思った。ディシェイザー家族は一九六三年十二月二十三日に日本を離れ、一時帰休のためにオレゴン州へ戻った。

家族はオレゴン州セイラムに購入した家に住んだ。一九六五年の春、フリーメソジストの宣教理事会はディシェイザー家族に対して、日本に任地もしくは本拠地を持つ任命をする予定はないと告げた。そして家族は待つように告げられた。そのため、ここ数年の将来について、当惑と疑問が湧き起こった。特にジェイコブにとって、困難な状況だった。というのは、ジェイコブは、主が日本で伝道するように自分を召した、と感じていたからであった。

復活祭の日曜日、フローレンスは自分の家族に手紙を書いた。「三月の末にジェイクは理事会の会合に出席しました。理事会は、日本で大家族を維持するにはお金がかかりすぎると考えていました。それで理事会は、少なくとも私たちが四年間待ち、別のフリーメソジストの宣教師家族が一時帰休で戻った時に、日本へ行ってほしいと思っていました。これは私たちにとって大きな調整が必要なことを意味しました。というのは、ジェイクは牧師の職につくか、他の仕事を見つけなければならなかったからです。　私たちは祈り、そして主が私たちを導き、私たちにご意志を示されるようにと望みました。」

　ジェイコブは依然として農業が好きだった。一九六五年七月に、家族はセイラムの家を売ってオレゴン州ジェルベーの小さな羊の農場を買った。そこで羊を飼育し、キュウリを栽培した。ジェイコブは自分の原点に戻ったのだった。これはディシェイザー家の子どもたちにとって、両親の農業技術について学び、アメリカの学校について学ぶよい機会となった。汽車に乗る代わりに、毎日スクールバスに乗ることも、子どもたちにとって新しい経験だった。ジェイコブは旅をし、教会で説教をすることを続けた。食品加工工場で、パートタイムの仕事もした。

　この宣教活動の休止によって、ジェイクは日本人に伝道するという自分の召しについて考え、吟味することになった。そして主が召された仕事を続けるために、できるだけ早く日本へ戻ろうと決意を新たにした。この頃、日本の教会はディシェイザー家族が早く日本に戻るように要望する手紙を書いた。この手紙は、宣教理事会に家族の帰還計画を早めるように促すきっかけになった。

一九六七年六月、ディシェイザー家族は自営農場を他人に貸し、遠洋定期船で日本に戻った。家族にとっては三年半の一時帰休で、早く日本へ戻りたかった。アメリカで余分の時間を過ごしたことで、主の働きを続けようとする二人の決意はますます強くなった。

今回の日本帰還では、シアトルパシフィック大学の二年生になったポールは同行しなかった。ポールにさよならを言い、船が埠頭から離れた時、みな少し涙ぐんだ。少なくとも五年間はポールに会えないことを知っていたからだ。

ディシェイザー夫妻は、子どもたちをミッションスクールに入れるために、東京に引っ越したかった。あいにく東京には宣教師用の家がなかったので、茨城県の日立に住むことになった。日立にはすでに宣教師用の家があった。子どもたちは東京のミッションスクールの寮に住まなければならなかったので、初めて、家族は別れて生活することになった。

ジェイクとフローレンスは日立に二年間住んだ。この間二人は、同県の勝田に新しい教会を建て上げるために手助けをした。勝田でジェイクは地域の五つの教会を監督する手伝いもした。勝田に新しい教会が完成した時、ディシェイザー夫妻はそこで初めての礼拝をすることになり、心が躍った。ジェイクはフローレンスに、礼拝後のお茶の時間に使うために、やかんを忘れずに持って行くように伝えた。その週末は、子どもたちが東京から来ていた。子どもたちの洗濯を手伝ったり、学校へ戻る準備をしたりで、とても忙しかった。ジェイクとフローレンスは、勝田教会の礼拝のために早く家を出なければならなかった。それで、子どもたちに、火の消し方と戸締まりの仕方を教えて家を出た。

勝田は住んでいる家から車で三十分の道のりだったが、途中で、ジェイクはフローレンスに、「やかんを忘れずに持って来たかい」と尋ねた。

「あ、忘れた」とフローレンスが答えた。「忙しさに紛れて、すっかり忘れていた。」

「そんな大事なことをどうして忘れたのだい」とジェイクが叱った。「それじゃあ、途中で一つ買わなければならないね。」

勝田教会に着くと、フローレンスはジェイクに、「説教の原稿を持ってきたの」と尋ねた。ジェイクは、「二十年間、説教をしてきて、これまでに忘れたことがあったかい」と答えた。しかしカバンを調べてみて、ジェイクは、本当に、説教の原稿を忘れたことに気がついた。解決方法は一つしかなかった。フローレンスが日曜学校を取り仕切り、その間にジェイクは家に戻って原稿を持って来るという解決方法だ。家に戻る間、ジェイクは自分を責めた。「神は、こんなまぬけで忘れっぽい二人をどうして用いることができるだろうか。」

家に着き戸を開けると、ジェイクは熱風に吹かれた。子どもたちが操作を間違って、石油暖房のスイッチを切断とは逆の最高温度にセットしたのだ。壁から煙が出ていた。もしジェイクが戻って来ていなかったら、炎上していただろう。ジェイクは暖房装置のスイッチを切る時に少し手にやけどをした。ジェイクはすぐにひざまずいた。そして家と家財道具が守られたことを神に感謝した。後になってジェイクはフローレンスに言った。「神は忘れ物をしたことを益にしてくださった。」二人はローマ人への手紙8章28節の言葉を思い出した。「神を愛する人々、すなわち、神のご計画に従って召された人々のためには、神がすべてのことを働かせて益としてくださることを、私たちは知っています。」

二年後、東京の近くに家が建てられ、家族はまた一緒に住むようになった。四人の子どもたちは、クリスチャン・アカデミー・ジャパンで高校の課程を終えることができた。ジョンとマークはアメリカへ戻り、アメリカ軍に徴兵された。ポールも徴兵されたが、大学を終えてから将校訓練学校へ入ることになった。

新しい家は東京郊外の西所沢に建てられた。土地の価格はとても高かったが、いつものように、ディシェイザー夫妻は教会を建て上げたかった。とりもなおさず、それは自分の家を教会として使うことを意味した。日本の子どもたちは朝早く家にやって来た。それは大きなソファーに席を確保するためであった。子どもたちはそのソファーを大きな椅子と呼んでいた。子ど

子どもたちは先を競って教会に来た

もたちはみな小さかったので、ソファーの前の端に六人、その後ろにかがんで六人、ソファーの背もたれの上に六人、座ることができた。

一九七二年にディシェイザー家族は次の一時帰休のために日本を離れた。そして一九七三年に、ジェイクは母校から「年間最優秀卒業生賞」を贈られた。それは、SPCがフローレンスと出会い、また神学の訓練を受けたところであることを再確認する時となった。地方新聞は、ジェイクが年間最優秀卒業生賞を得たと聞いて、他にもっと適当な人がいるはずだと言った、と報じた。

一九七三年にジェイクの母が亡くなった。九十歳の高齢だった。その年の後半、ディシェイザー家族は、キャロル・アイコを大学での学びのためにやむなく残し、日本へ戻った。日本へ戻った子どもはル

埼玉県所沢市にも新しい教会が建てられた

ツだけだった。この頃、ディシェイザー家の子どもたちは五つの異なる国に分散していた。ポールとマークは軍隊におり、それぞれグアムとドイツにいた。ジョンはベトナムでの軍務を終えた後、アメリカにいた。キャロル・アイコはカナダの大学におり、ルツはジェイクとフローレンスと一緒に日本に住んでいた。

日本に戻り、ディシェイザー家族は再び、西所沢の宣教師館に住み始めた。ディシェイザー夫妻は、教会を建てる時期だと判断した。しかし、土地の価格は依然として非常に高かったので、一計を案じて、宣教師館の車庫のあるところにチャペルを造ることにした。鉄骨を使って、二・七メートル×一五メートルのチャペルができた。小さくはあったが、小規模の会衆には適当な大きさだった。礼拝には六十人ほどが集まった。

一九七五年十二月にレックス・ハンバードと彼のワールド・ワイド・ミニストリーがテレビの特集番組のために日本に来た。彼らは、ジェイクと淵田美津雄が一緒にあかしをするインタビューを含めたいと言ってきた。その番組は日本中に放映された。ジェイクとフローレンスは、福音を分かち合う機会がまだあることを感謝した。この企画の六か月後、一九七六年五月に淵田は亡くなった。ジェイクは、奈良で行われたキリスト教の葬儀に出席することができた。

新設のチャペルで、ジェイクは毎週、日本語で説教をし、フローレンスは日曜学校を導いた。また音楽と日曜学校を手伝ってくれる人もいた。この間、キャロル・アイコは結婚した。彼女と夫になったケンは一年間、日本へ来た。そしてディシェイザー夫妻の宣教活動を助け、また大人と子どもの英語聖書クラスを教えた。ディシェイザー夫妻にとって、この巣立ったばかりの教会を離れることはつらいことだった。しかし二人の後を継ぐ若い宣教師夫婦が任命され、二人は主の働きが続けられることを知った。

一九七七年に、ジェイクとフローレンスは最終的に日本を離れた。二人は二十三の教会の設立を助け、何千人という人々をキリストの信仰に導いた。日本は、二人にとって第二の故郷になった。

一九七七年六月二十二日に自分の家族宛に書いた手紙で、フローレンスはこう記している。

「このところ忙しいけれど素晴らしい日々をおくっています。私たちは送別礼拝のためにたくさんの教会を訪問しています。様々な場所での私たちの伝道活動を通して救われた多くの人々に会い、とても励まされています。その中には、お子さんがクリスチャンになり、教会で手伝いをしている人たちもいます。そのお子さんたちは、私たちの主にある孫です。」

ディシェイザー家族にとって日本における最後の日、日本の友人たちが来て家族のために送別会を開いた。家族に贈り物を渡し、聖歌を歌った。「しゅくふくあれ」(Blest Be the Tie that Binds) と「今さりゆくなれを」(God Be With You Till We Meet Again) だった。送別会で、ジェイクは日本と日本人を愛していることを話した。ジェイクはガラテヤ人への手紙5章22節、23節を引用した。「しかし、御霊の実は、愛、喜び、平安、寛容、親切、善意、誠実、柔和、自制です。このようなものを禁ずる律法はありません。」そしてジェイクは、その日送別会に集まった人たちに、聖霊に満たされ、神の仕事に元気に、熱心に励むように、と勧めた。友人たちは家族にさよならを言い、ジェイクとフローレンスがいつの日かまた第二の故郷へ戻って来ることを望んでいると言った。

ジェイクはこれまでの人生を振り返ってみて、思った。「孤独な独房で自分をキリストに捧げた男を通して、なんと驚くべきことを神がなさったことか。」

第18章　終わりの旅

ドーリットル飛行士だった宣教師の死

私は勇敢に戦い、走るべき道のりを走り終え、信仰を守り通しました。今からは、義の栄冠が私のために用意されているだけです。かの日には、正しい審判者である主が、それを私に授けてくださるのです。

――テモテへの手紙 第二 4章7～8節

一九七八年にジェイクは伝道活動から引退した。ジェイクとフローレンスはオレゴン州セイラムに落ち着いた。そこでジェイクは、あるフリーメソジスト教会の副牧師になった。ジェイクは妻とともに三十年間、素敵な引退生活を楽しんだ。この間、ジェイクは祖父になり、曾祖父になった。子どもたち、孫たち、ひ孫たちは幸せで、健康な生活を送っていた。ジェイクとフローレンスはそれを大いに喜んだ。

年月が経つと、ジェイクは認知症とパーキンソン病に悩まされ始めた。パーキンソン病のために手が震えるので、ジェイクにとって、カップを持つとか字を書くとかの簡単なことが難しくなった。認知症のために、ジェイクは言葉が乱れたり、名前を忘れたり、顔を忘れたりした。また日常生活を他人に依存するようになった。ジェイクの体と心は衰えていったが、魂は以前のように力強かった。日付とか場所のような細かいことは忘れていたが、全体像はいつも覚えていた。

セイラム第一フリーメソジスト教会の牧師のダグ・ベイリーが、死の前にジェイクを訪ねた時のことだった。ベイリー牧師はジェイクに日本の戦争捕虜としての経験について尋ねた。ジェイクはベイリーをじっと見て、当惑し、フローレンスのほうに向き直り、こう尋ねた。「私は日本の戦争捕虜だったのかい。」フローレンスは、確かにそうだった、と言った。

ジェイクは、「そうだったと思う」と答えるのが精いっぱいだった。しかし、ベイリー牧師がジェイクに、日本の宣教師として過ごした多くの年月について尋ねた時、ジェイクは時間をかけて詳細に話を始めた。ジェイクは、かつて自分が日本の宣教師で、キリストの愛と赦しのメッセージを必要とする人々に福音を宣べ伝えていたことを、憶えていた。

二〇〇八年三月十五日、九十五歳で、ジェイクはセイラムの家で亡くなった。ジェイクが死んだ時、フローレンスと長男のポールが傍にいた。ジェイクにとって、死は旅の終わりではな

晩年のジェイコブ・ディシェイザーと
長女で著者のキャロル・アイコ

く、新たな旅の始まりだった。地上の生涯は、天の王国におけるジェイクの永遠の人生への前奏曲にすぎなかった。

ジェイクは二〇〇八年三月二十九日に埋葬された。その日は冷たい風が吹く曇りの日だった。参列者は上着、襟巻、手袋を身につけ、暖かくしていた。フローレンスは墓地に着いた。息子のポール、ジョン、マークが付き添っていた。バグパイプと太鼓が先導し、参列者を墓に導いた。棺の周りにたくさんの人が集まった。元ドーリットル空襲隊の曹長のエド・ホートンもいた。フローレンスは家族の中央で椅子に座った。参列者には、ワシントン州タコマのマコード空軍基地の儀礼兵たちがいた。儀礼兵は二十一発の礼砲でジェイクを称えた。一人のラッパ手が永別のラッパを吹いた。これはジェイクが受けた、完全な軍葬の礼の一部であった。少し経って、会衆は空を見上げた。第34航空中隊のB－1B爆撃機が頭上を飛行し、雲の中へ消えて行った。飛行機が低空飛行を終えた時、参列者は歓声をあげた。儀礼兵はジェイクの棺を飾っていたアメリカ国旗を静かにたたみ始めた。きちんとたたみ終えた時、ダグラス・プリコー曹長はそれをフローレンスに渡しながら、彼女の夫が国に無私の奉仕をしたことに謝意を述べた。ジェイクが好きだった聖歌「世の終わりのラッパ」（When the Roll Is Called Up Yonder）を歌いながら、友人と家族は代わる代わる一輪の黄色いバラを棺の上に置いた。

数時間後、追悼会がセイラム第一フリーメソジスト教会で開かれた。家族がそれぞれ話をし、参列者と思い出を分かち合う機会を持った。長男のポール・ディシェイザーは父が好きだった聖書の言葉の一つを読んだ。すなわち、コリント人への手紙第一13章1～13節を、父が収容所で読んだと思われるモファット訳で読んだ。この聖書の箇所は、愛は何であるかを述べている。「愛は寛容であり、愛は親切です。また人をねたみません。愛は自慢せず、高慢になりません。礼儀に反することをせず、自分の利益を求めず、怒らず、人のした悪を思わず、不正を喜ばずに真理を喜びます。すべてをがまんし、すべてを信じ、すべてを期待し、すべてを耐え忍びます」（13・4～7）。コリント人への手紙第一13章は、終わりにキリスト教の偉大な三つの徳、すなわち信仰、希望、愛、を列挙している。クリスチャン生活において、信仰と希望はきわめて大事である。しかし一方、人が愛に根ざしていなければ、この二つは存在しえない。

ジェイクはこの聖句の生きた証拠だった。ジェイクは、敵を赦し、日本で宣教師になることを決意した時、キリスト教の愛の典型となった。ジェイクは憎しみを憎しみで報いる道を選ばなかった。その代わりに、憎しみを愛で報いる道を選んだ。これは人間の性質に反する行為だ。苦痛を赦しで報いるのではなく、苦痛を苦痛で返したいというのが人間の性質だ。ジェイクは自分を打ち、拷問した者を赦すことによって、愛がどんなに力強いものかを実証した。

追悼会の後半に、ジェイクの娘で本書の共著者のキャロル・アイコが編集した映像が紹介された。聖歌「おどろくばかりの」(Amazing Grace) と「輝く日を仰ぐとき」(How Great Thou Art) を背景に、ジェイクの生活とジェイクがあかしをしている映像が映し出された。映像は「そこにいるでしょう」(There You'll Be) の歌で終わった。続いて祖父ディシェイザーが、孫とひ孫といる写真が示され、最後にジェイコブがフローレンスのほほにキスしている写真が紹介された。

次にジェイクの二人の孫、ダグ・ディシェイザーとローラ・ディクソンのことに触れる。ダグは祖父を称える詩を作った。

孫の英雄

軍務についている一人の少年が
秘密の作戦に加わるために

計画に志願し
その作戦はあなたを日本へ連れて行った。
爆弾が落とされ
飛行機は墜落し
あなたは捕虜になり
衣服を剥がされ、打たれ、縛られた。
あなたは命を主に与え
収容所の独房で
日本に戻ることを誓い
あなたは福音を語った。
あなたは称賛される人生を送った
赦しと希望と愛の人生を
あなたは世界の英雄だ
神からの贈り物だ。
神にあるあなたの信仰は証明された

神とともにあるあなたの日々の歩みによって
たくさんの言葉をあなたは話し
暗がりを光で照らした。
夫、兄弟、父、
祖父、そして友達
あなたの遺産は決して忘れられない
私たちはそれに頼ることができる。
あなたはたくさんの思い出を残した
私たちが一緒に分かち合った時間の思い出を
その時間は私たちの心の中で続く
永遠に私たちの心の中で。
カードで遊んだこと、ダーツを投げたこと、
湖で泳いだこと、日本語で歌を歌ったこと、
これらすべての事を私たちは連れて行く。
激励の人生

私たちが生きるべき激励の人生
神の愛を与えるために
他人のことだけを考える。
これが私たちの祖父だ
私は誇りをもって言う
あなたはそこに立っている、
私の日に腕を広げて。

ローラは祖父がどんなに愉快であったかを話した。家の裏口のところで、祖父がどのように孫たちにブランコ遊びをさせたかの思い出を話した。祖父がラズベリーとブラックベリーのやぶを植え、夕食前に子どもたちにこっそり少し食べさせた思い出を話した。ローラはまた、祖父がいかに人生を単純に生きたかを述べた。祖父にとってイエスと愛がすべてだった、と。これがジェイクの人生のおもな二つの柱で、子どもたち、孫たちへの励ましになっている。
ジェイクの子どもたちの中で最も若いルツ・ディシェイザー・クトラクンが追悼の辞を述べた。ルツは、自分の父を、日本の収容所に入る前に、死の存在を感じていた人と語った。彼の唯一の友は聖書だった。聖書が手元にあった短い時間の間、貪るように読んだ。ローマ人への手紙10章9節を読んで、人生が変わった。聖書の上にかがんで、イエスは主であると告白し、神がイエスを死からよみがえらせたと信じた。彼は救われた。霊的に新しい人間になったように感じた。それは、彼の存在に愛が入り、そこに住みついていた憎しみを追い出したからだった。

彼は思った。「主よ、私を取り去ってください。この苦しみから逃れ、あなたと共にいたいだけです。」その時、彼は自分の伸ばした手に気がついた。手には何も持っていなかった。そして思った。「私はこのままでは行くことはできない。私は主のために何もしていないからだ。考えてみよ。宇宙の創造者の前に出ることを。結局、神は私のためにしてくださったのだ――神は、私たちの罪を赦すために、御子を送られ、十字架の上で苦しませ死なせたのだ。私は手ぶらで永遠の命のために神の前に出たくない。」彼は今生きている地獄を生き延びようと決意した。そして自分の命をキリストに捧げ、福音を伝えることを決意した。彼は思った。「主よ、私は手ぶらであなたのもとに行きたくありません。私に機会を与えてください。私は誓ったことをやります。」

その日ルツが述べたように、主はジェイクに機会を与えられた。ジェイクは捕虜収容所から生き延び、戦争の英雄として帰国した。シアトルパシフィック大学に入学し、そこでフローレンスに出会った。フローレンスはジェイクの写真を新聞で見た。そしてこの英雄と握手しようと決意した。その時フローレンスは、ジェイクと実際に握手することになるとは夢にも思わなかった――決してあきらめてはいけない。六十一年間一緒にいることになるのだ。ジェイクとフローレンスは結婚した。学位を取り、すべてを置いて日本へ行った。ジェイクは日本で三十年間、福音伝道の働きをし、二十三の教会の設立に尽力した。一方、フローレンスの夫であり、五人の子どもを育てた。ジェイクは今、手にいっぱい持って、天国へ行くことができるのだ。

終禱は服部嘉明博士が行った。最初は日本語で、続いて英語で。服部嘉明博士は日本フリーメソジスト教団の引退牧師だった。感情のこもった終禱の中で、服部博士は、ジェイクは捕虜の時に与えられた天与の任務を誠実に果たした、と述べた。まさにこの男は、「鋤に手をかけてから、決して振り向かなかった」。服部博士は、日本人に対するジェイクの長年にわたる伝道の働きを称賛した。その働きを通して、彼自身がキリストのもとへ来るようになったのであった。

著者らは、最後にジェイコブ・ディシェイザー自身の言葉を引用して、本書を締めくくることがふさわしいと考える。以下に記す言葉は、葬儀の式次第に印刷されたもので、ジェイクの信仰を最もよく要約している。

とてもつらい状況において、素晴らしい態度を示す人たちに会ったことがあった。しかし、この種の我慢強く、親切で、寛大な愛を私たちみんなが持つことができるとは思っていなかった。だが、もし互いに愛し合いなさいという命令が神から与えられているなら、確かに、私たちが実際にそのようにすることは可能だ。神が愛するように命令を与えたのであるから、私たちの側でなすべきことは、他人に対する愛を持つように努力することである。もし私たちみんなが互いに愛するように努めるなら、素晴らしい世界になるだろう。もし私たちが誠実に努力し、もしイエスは神の御子で私たちの救い主であると認めるならば、神は私たちを喜ばれるだろう。私はそうしようと決心した。

《参考文献》

C. Hoyt Watson, *The Amazing Story of Sergent Jacob DeShazer* (Winona Lake, IN: The Light and Life Press)

U.S. Air Force Oral History Intervew with Jacob DeShazer, Office of Air Force History Headquaters, conducted by Dr. James Hasdorff, October 10, 1989, in Salem Oregon.

DeShazer Intervewed by Watson.

Hulda Andrus, "I am the Prayeng Mother of Jacob DeShazer," *The Bible Meditation League*, April 1957.

Caroll Glines, *Four Came Home* (Missoula: Pictorial Histories Publishing Company,1966).

The Service Strip article dated 8 September 1945 was titteled "Rescued Tokyo Flyers Get Processing Here," *Service Strip Article*

"A Raider Returns", American Bible Society, September 1948.

"God is Calling Me Back to Japan," *St. Louis Dispatch*, October 26, 1948.

Janet and Geoff Benge, *Forgive Your Enemies: Jacob DeShazer* (Seattle: YWAM Publishing, 2009).

Mikiso Hane, *Premodern Japan* (Boulder: Westview Press, 1991).

"Rev. DeShazer Here to Give Spiritual Help to Japanese," Nippon Times, December 29, 1948.

William Moses, "Ex-Airman Pleads for War Guilty," *Los Angels Times*, February 11, 1950.

Gordon Prange, Donald Goldstein and Katherine Dillon, *God's Samurai*, (Maclean Brassey's, 1990).

ほか、ディシェイザー家の手紙など多数。

ドナルド・M・ゴールドスタイン

元ピッツバーグ大学大学院国際安全保障研究
公共と国際関係マシュー・B・リッジウェイ・
センター総主事。
朝鮮戦争などで22年間の空軍士官を務め退役。
多くの著作があり、ニューヨークタイムズでは
47週にわたりベストセラーにリスト入り。
歴史分野でABCピーボディー賞を受賞。
NBC、ABC、CBS、PBS、NHK歴史番組監修。

キャロル・アイコ・ディシェイザー・ディクソン

ジョイコブ&フローレンス・ディシェイザー
夫妻の長女として神戸で誕生。ミドルネームの
「アイコ」は「愛の子」を意味する日本語から
付けられ幼少時代のほとんどを日本で過ごす。
社会学・初等教育・キリスト教教育で学士取得。
両親の物語を様々なメディアで伝えている。

憎しみを越えて 宣教師ディシェイザー

平和の使者になった真珠湾報復の爆撃手

2017年 8 月15日　発行

著　者　ドナルド・M・ゴールドスタイン
キャロル・アイコ・ディシェイザー・ディクソン

訳　者　藤原祥隆

印刷製本　シナノ印刷株式会社

発　行　いのちのことば社

〒164-0001 東京都中野区中野2-1-5
電話 03-5341-6922（編集）
03-5341-6920（営業）
FAX03-5341-6921
e-mail:support@wlpm.or.jp
http://www.wlpm.or.jp/

ISBN 978-4-264-03850-4